5.-10. Schuljahr

Barbara Theuer

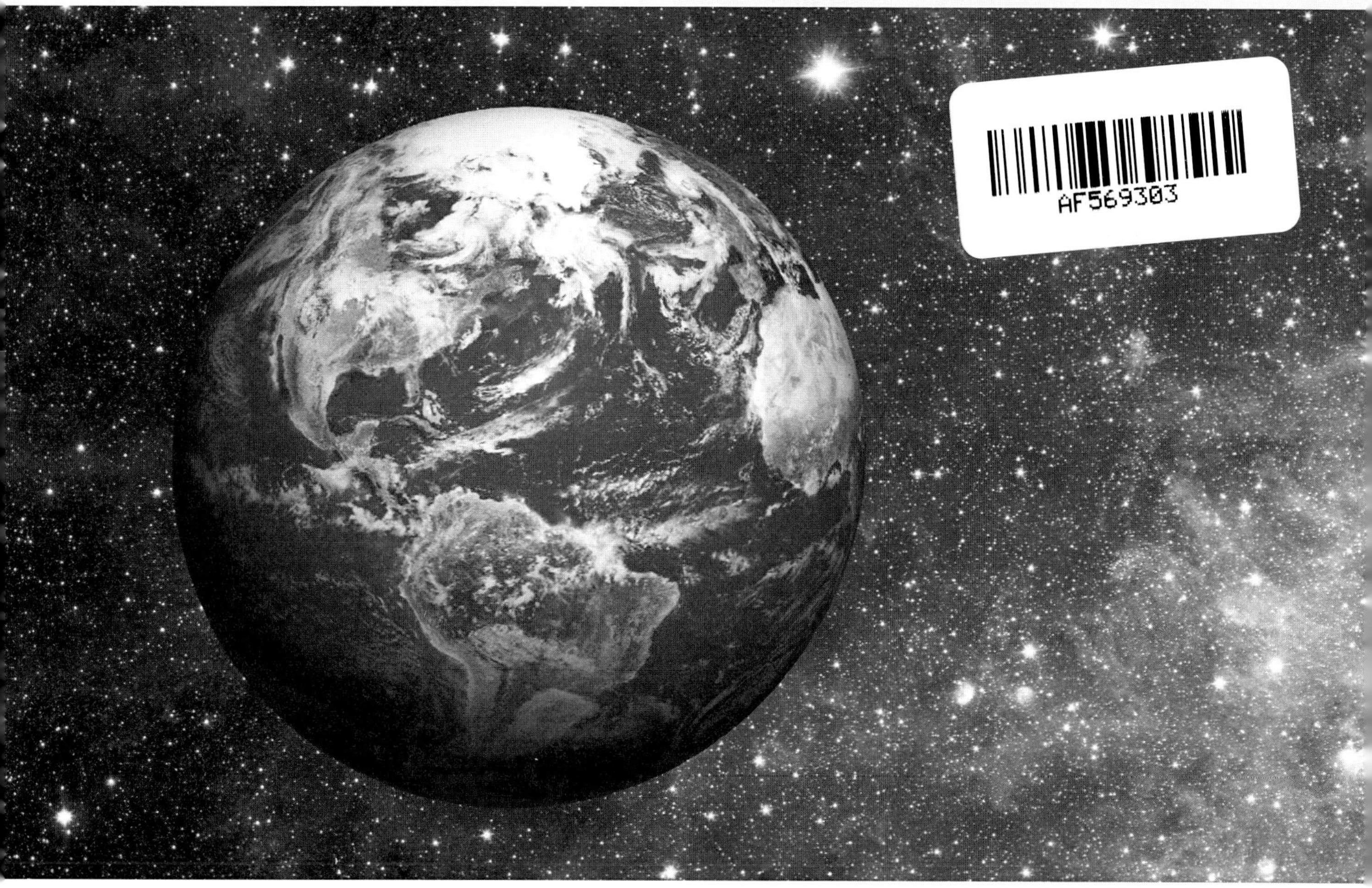

AF569303

Lernwerkstatt
Planeten & Sterne

Vom Sonnensystem bis ins weite Universum

www.kohlverlag.de

Lernwerkstatt PLANETEN UND STERNE

Vom Sonnensystem bis ins weite Universum

8. Auflage 2023

© Kohl-Verlag, Kerpen 2016
Alle Rechte vorbehalten.

Inhalt: Barbara Theuer
Coverbild: © Denis Tabler - fotolia.com
Grafik & Satz: Kohl-Verlag
Druck: farbo prepress GmbH, Köln

Bestell-Nr. 11 935

ISBN: 978-3-96040-076-9

Bildquellen:

Auf allen Seiten © LenaPics - Fotolia.com; Seite 7 © graphicsdeluxe - Fotolia.com; Seite 8 © Svetlana Privezentse & laurine45 - Fotolia.com, © clipart.com; Seite 9 © masterzphotofo & Dreaming Andy - Fotolia.com, © clipart.com; Seite 10 © clipart.com; Seite 12 © clipart.com, © Sangoiri - Fotolia.com; Seite 13 © clipart.com; Seite 14 © clipart.com; Seite 15 © tmass - Fotolia.com, © Ralf Roleček & Deutsche Fotothek - Wikipedia.de; Seite 16 © nerthuz - Fotolia.com, © clipart.com; Seite 17 © casaltamoiola - Fotolia.com, © clipart.com; Seite 18 © clipart.com, © senoldo - Fotolia.com; Seite 19 © clipart.com, © tmass - Fotolia.com; Seite 20 © clipart.com; Seite 21 © tmass & Bobboz - Fotolia.com; Seite 22 © Matthew Cole & tmass - Fotolia.com, © clipart.com; Seite 23 © nickolae - Fotolia.com; Seite 24 © clipart.com, © Lexicon, Kyle the hacker, StuartBrady & Amit6 - Wikipedia.de; Seite 25 © Torian - Fotolia.com; Seite 26 © tansy - Fotolia.com; Seite 27 © clipart.com; Seite 29 © Juulijs - Fotolia.com, © clipart.com; Seite 30 © clipart.com, © ama54 & dedMazay - Fotolia.com; Seite 31 © clipart.com, © dedMazay - Fotolia.com; Seite 32 © E. Weiß - Wikipedia.de; Seite 33 © clipart.com, © Vanessa - Fotolia.com; Seite 34 © clipart.com, © nerthuz, Fiedels & Argus - Fotolia.com, © H.-P.Haack - Wikipedia.de; Seite 36 © Adrian Ludwig Richter - Wikipedia.de, © clipart.com; Seite 37 © E. Weiß - Wikipedia.de; Seite 38 © diez-artwork, ricardoreitmeyer, JohanSwanepoel, Giuseppe Porzani, frenta & sunt - Fotolia.com; Seite 39 © clipart.com; Seite 40-42 © clipart.com, © dule964 - Fotolia.com; Seite 43 © macrovector, Romoli Tavani & corund - Fotolia.com, © clipart.com; Seite 44 © clipart.com, © Horst Frank, Pamplelune & StarryTG - Wikipedia.de; Seite 45 © clipart.com; Seite 46 © giacomarco - Wikipedia.de; Seite 47-49 © Henri de Montaut - Wikipedia.de; Seite 50 © Blue Moon - Wikipedia.de; Seite 51 © 3dsculptor, rook76, laufer & qingwa - Fotolia.com, © Darjac - Wikipedia.de, © clipart.com; Seite 52 © NASA, cropped by W.wolny - Wikipedia.de, © 3dsculptor - Fotolia.com, © clipart.com; Seite 53 © clipart.com, © NASA; restored by Michel Vuijlsteke, NASA, cropped by W.wolny, NASA Neil A. Armstrong - Wikipedia.de, © nerthuz & dzimin - Fotolia.com; Seite 54 © clipart.com; Seite 55 © Svetlana Privezentse - Fotolia.com, © Antoine Caron & Thomas Baer, Embrach, Schweiz - Wikipedia.de; Seite 56 © User-Sagredo-Bleistift2, Sagredom - Cactus26 (talk) - Wikipedia.de, © clipart.com; Seite 57 © MesserWoland - Wikipedia.de, © clipart.com; Seite 58 © RealCG - Fotolia.com, © clipart.com; Seite 59 © NASA - Wikipedia.de, © macrovector - Fotolia.com; Seite 60 © Argus - Fotolia.com, © clipart.com; Seite 61 © clipart.com, © Argus & Deminos - Fotolia.com; Seite 62 © clipart.com, © bahrialtay - Fotolia.com; Seite 63 © Shesmax & Till Credner - Wikipedia.de, © clipart.com; Seite 64 © clipart.com, © Till Credner - Wikipedia.de; Seite 65 © Pearson Scott Foresman & Till Credner - Wikipedia.de; Seite 66 © Roberto Mura - Wikipedia.de; Seite 67 © Geof - Wikipedia.de; Seite 68 © clipart.com, © Loon, J. van (Johannes) & Alsterblick - Wikipedia.de; Seite 69 © LenaPics & tatiana_kost49 - Fotolia.com; Seite 70 © Tlusťa (talk | contribs) - Wikipedia.de; Seite 71 © Tlusťa (talk | contribs) & bvs-aca (talk | contribs) - Wikipedia.de; Seite 72 © clipart.com, © frenta, Elena Sedova, MSA, markus_marb & arkela - Fotolia.com; Seite 73 © clipart.com; Seite 74 © Mopic - Fotolia.com, © clipart.com; Seite 75 © clipart.com; Seite 76 © clipart.com, © RealCG - Fotolia.com; Seite 77 © clipart.com, © LenaPics & destina - Fotolia.com; Seite 78 © clipart.com, © kevinjohnsonjp - Fotolia.com; Seite 79 © clipart.com; Seite 81 © clipart.com; Seite 82 © tmass - Fotolia.com; Seite 84 © nerthuz - Fotolia.com, © clipart.com; Seite 85 © E. Weiß - Wikipedia.de; Seite 86 © Romolo Tavani - Fotolia.com, © clipart.com; Seite 88 © clipart.com, © NASA; restored by Michel Vuijlsteke, NASA, NASA, cropped by W.wolny, NASA Neil A. Armstrong, Klaus-Dieter Keller - Wikipedia.de; Seite 91 © Tlusťa (talk | contribs), bvs-aca (talk | contribs) - Wikipedia.de, © tatiana_kost49 - Fotolia.com

Das vorliegende Werk und seine Teile sind urheberrechtlich geschützt. Jede Nutzung in anderen als den gesetzlich zugelassenen Fällen bedarf der vorherigen schriftlichen Einwilligung des Verlages. Hinweis zu § 52a UrhG: Weder das Werk noch seine Teile dürfen ohne eine solche Einwilligung eingescannt und in ein Netzwerk oder das Internet eingestellt werden. Dies gilt auch für Intranets von Schulen und sonstigen Bildungseinrichtungen.

Unsere Lizenzmodelle

Der vorliegende Band ist eine Print-Einzellizenz

Sie wollen unsere Kopiervorlagen auch digital nutzen? Kein Problem – fast das gesamte KOHL-Sortiment ist auch sofort als PDF-Download erhältlich! Wir haben verschiedene Lizenzmodelle zur Auswahl:

	Print-Version	PDF-Einzellizenz	PDF-Schullizenz	Kombipaket Print & PDF-Einzellizenz	Kombipaket Print & PDF-Schullizenz
Unbefristete Nutzung der Materialien	x	x	x	x	x
Vervielfältigung, Weitergabe und Einsatz der Materialien im eigenen Unterricht	x	x	x	x	x
Nutzung der Materialien durch alle Lehrkräfte des Kollegiums an der lizensierten Schule			x		x
Einstellen des Materials im Intranet oder Schulserver der Institution			x		x

Die erweiterten Lizenzmodelle zu diesem Titel sind jederzeit im Online-Shop unter www.kohlverlag.de erhältlich.

Inhalt

		Seite
1.	Wenn die Nacht den Tag verdrängt, erwachen die Sterne	**7**
2.	Der Himmel ist voller interessanter Objekte	**8**
3.	Was du über die Himmelskörper wissen willst	**9**
4.	Tipps für deine Himmelsbeobachtung	**10 - 11**
5.	Erforsche die scheinbare Bewegung der Gestirne	**12 - 13**
6.	Auch die Sonne zieht ihre Bahn	**14**
7.	Alles dreht sich – Scheinbare und wirkliche Bewegung von Erde und Sonne	**15 - 18**
8.	Wandelsterne und Fixsterne	**19**
9.	Unsere Sonne	**20**
10.	Unser Sonnensystem	**21 - 23**
11.	Steckbriefe für Planeten	**24 - 26**
12.	Planetenhymne oder die lyrische Geschichte vom kleinen Ausreißer Pluto	**27 - 29**
13.	Pluto und die anderen kosmischen Zwerge	**30 - 31**
14.	Glücksboten oder Gefahren aus dem All?	**32 - 33**
15.	Was die Welt zusammenhält	**34 - 35**
16.	Poesie des Mondes	**36**
17.	Mondpuzzle	**37**
18.	Der Mond im Spiel von Licht und Dunkelheit	**38**
19.	Die Lichtgestalten des Mondes	**39**
20.	Beobachte den Mond	**40 - 42**

KOHL VERLAG Lernwerkstatt PLANETEN & STERNE Vom Sonnensystem bis ins weite Universum – Bestell-Nr. 11 935

Inhalt

Seite

21. Lichtgestalten sind Bewegungsgestalten 43

22. Steckbrief Mond – Informationen und Fragen 44 - 46

23. Der Flug zum Mond – Menschheitstraum und Utopie 47 - 50

24. Lustiges Quiz rund um die Mondlandungen 51 - 52

25. Der Mann auf dem Mond 53 - 54

26. Finsternisse – Schattenspiele im Kosmos 55 - 57

27. Rätsel rund um den Mond 58 - 59

28. Wie viele Sterne stehen am Himmel? 60

29. Was ist überhaupt ein Stern? 61

30. Sternnamen und Sternbilder 62 - 63

31. Erkunde das Sternbild „Großer Wagen" und „Großer Bär" 64 - 66

32. Der Nördliche Sternenhimmel 67

33. Der Zodiak und die Tierkreiszeichen 68 - 71

34. Sternenkunde – Vom Altertum bis zur Gegenwart 72 - 73

35. Astrokartenspiel 74 - 77

36. Rätselhaftes Weltall 78 - 79

Die Lösungen 80 - 92

KOHL VERLAG Lernwerkstatt PLANETEN & STERNE Vom Sonnensystem bis ins weite Universum – Bestell-Nr. 11 935

Vorwort

„Weißt du, wie viel Sterne stehen...?“ Mit dieser Frage beginnt ein bekanntes deutsches Kinderlied. Kinder stellen die Frage nach der Anzahl der Sterne und warum sie leuchten ohnehin, bevor der Physikunterricht mit Stoffeinheiten zur Astronomie einsetzt.

Mit den Aufträgen und Aufgaben der ersten Arbeitsblätter werden die Schüler auf dem Wissensstand über das Weltalls abgeholt, den sie als Grundschüler bereits aus populärwissenschaftlichen Sendungen im Fernsehen, Simulationen von Planetenbewegungen, Finsternissen usw. durch Projektionen des Sternenhimmels mit Heimplanetarien usw. mitbringen.

Anliegen des vorliegenden Arbeitsheftes sollte es sein, schon vorhandene Kenntnisse der Schüler zu ordnen und zu präzisieren, dem Alter entsprechend grundlegendes Wissen über unser Planetensystem zu vermitteln sowie die Schüler zu einfachen, zielgerichteten Beobachtungen des Himmels und zum Deuten ihrer Beobachtungsergebnisse anzuregen.

Die scheinbare tägliche Bewegung von Sonne, Mond und Sternen, wie wir sie von der Erde aus täuschend wahrnehmen, soll von den Schülern zunächst durch Markieren der Position der Gestirne zu verschiedenen Uhrzeiten aufgezeichnet werden. Der Vergleich mit anderen Relativbewegungen wie beispielweise bei der Karussellfahrt oder dem fahrende Zug auf dem Nachbargleis erleichtert den Schülern die Erkenntnis, dass die tägliche Rotation des Sternenhimmels nur scheinbar ist und auf die tägliche Rotation der Erde zurückzuführen ist. Analoge Betrachtungen lassen sich auch zum scheinbaren jährlichen Lauf der Sonne und der Sternbilder um die Erde ergänzen. Diese Erkenntnis, dass es sich bei den wahrgenommenen Bewegungen der Himmelskörper um scheinbare Bewegungen handelt, zeigte sich in der historischen Entwicklung vom geozentrischen zum heliozentrischen Weltbild.

Das Leuchten des Mondes und der Sterne gehört zu den schönsten Erscheinungen am nächtlichen Himmel. Aus welcher Quelle stammt ihr Licht? Die Antwort auf diese interessante Frage führt hin zur Erarbeitung der Unterscheidung der Gestirne in Fixsterne und Wandelsterne – die Planeten- sowie unserem Mond als Stellvertreter für viele Monde unseres Planetensystems. Die Steckbriefe der riesigen bunten kosmischen Kugeln zu erstellen und die richtigen Antworten von Quizfragen auf dem Mond zu landen, macht Spaß und ist lehrreich zugleich. Herausgearbeitet werden sollte, dass Planeten und Monde selber kein Licht aussenden, sondern das Licht der Sonne – unserer größten natürlichen Lichtquelle – reflektieren. Dass die sanft schimmernden Sterne – unserer Sonne gleich – riesige, heiße Gaskugeln sind, wird die Schüler immer wieder erstaunen.

Das Geheimnis der Finsternisse wird als kosmisches Schattenspiel erarbeitet, wobei die Schüler im Unterricht angeleitete werden, durch ein kleines Experiment mit zwei Lichtquellen die Entstehung von Kern- und Halbschatten zu untersuchen, denn eine der Bedingungen für eine Mondfinsternis ist das Eintreten des Mondes in den Kernschatten der Erde.

Vorwort

Die Lichtgestalten des Mondes zu erforschen, ist eine altersgerechte Aufgabe für jüngere Schüler und ihre Bearbeitung wird ihnen Spaß bereiten. Die entsprechenden Arbeitsblätter fordern die Schüler über einen Zeitraum von einunddreißig Tagen zum Beobachten des Mondes und zum Aufzeichnen seiner Lichtgestalten auf, womit erste einfache Formen des Protokollierens geübt werden. Die Erkenntnis, dass sich die Lichtgestalten des Mondes nach etwa neunundzwanzig bis dreißig Tagen wiederholen, was wiederum auf die Dauer seines periodischen Umlaufes um die Erde schließen lässt, dürfte den Schülern leicht fallen.

Kinder haben mitunter schon etwas von Sternbildern und Sternzeichen als Kennzeichen ihres Geburtstages gehört. Informativ sollten anhand einfacher Beispiele die Grenzen astrologischer Praktiken in Abgrenzung zur astronomischen Wissenschaft erwähnt und infrage gestellt werden, ob die Geburtssternzeichen wirklich über das Glück der Menschen entscheiden.

Die Faszination der Sternbilder jedoch, welche als visuelle Formationen von real existierenden Sternkonstellationen zu erklären sind, liefert jedoch eine gute Motivation für das Ausführen von Beobachtungsaufträgen zum Erforschen der Sterne. Beim Malen des Sternbildes Großer Bär und Aufsuchen des Polarsternes auf einer Sternkarte werden die Schüler neues Interesse für die Erkundung des Sternenhimmels entwickeln. Ergänzend zur Bearbeitung der Arbeitsblätter kann der Lehrer beispielsweise davon erzählen, auf welche Weise die Sternbilder ihre Namen bekamen, welche mythologischen Sachverhalte zugrunde liegen und warum das Gebiet unserer Erde, welches unter dem Sternbild „Großer Bär“ liegt, Arktis genannt wird.

Wir möchten mit diesem Arbeitsheft einen kleinen Beitrag dazu leisten, den Schülern auf der Grundlage einfacher aber exakter astronomischer Kenntnisse viele ihre Fragen zu beantworten und sie weiter zu selbständigen Beobachtungen anzuregen. Neue Fragen werden sich auftun, denn je öfter die Schüler den Sternenhimmel beobachten, desto mehr möchten sie über die geheimnisvollen Gestirne wissen.

Viel Erfolg und Freude beim Erforschen von Planeten und Sternen wünschen Ihnen das Kohl-Verlagsteam und

Barbara Theuer

Bedeutung der Symbole:

Einzelarbeit EA

Partnerarbeit PA

Arbeiten in kleinen Gruppen GA

Arbeiten mit der ganzen Gruppe GA

1. Wenn die Nacht den Tag verdrängt, erwachen die Sterne

EA

Aufgabe 1: *Beobachte an einem wolkenlosen Abend den Himmel vom Einsetzen der Abenddämmerung an bis zur vollständigen Dunkelheit. Vervollständige auch den folgenden Text, indem du die Wörter aus der Liste passend in die Lücken einfügst!*

Mitternacht – Mond – Mittag – Sterne – Dunkelheit – Horizont – Venus – Dämmerung

Wenn die Sonne abends unter den ______________ taucht und den Himmel zum Gruß orange färbt, setzt besonders in den Wintermonaten kurz darauf die __________________ ein. Das Licht des Tages weicht allmählich der nächtlichen __________________ und obwohl der Himmel noch in schwachen Farben schimmert, gewinnt am westlichen Himmel ein immer stärker werdendes Licht über das schwindende Licht des Tages. Es ist der Abendstern ____________, welcher nur für eine kurze Dauer von einigen Stunden als hellstes Gestirn neben dem ___________ am abendlichen Himmel aufsteigt, um sich noch vor ________________ unserer Sicht zu entziehen. Es gibt auch Zeiten, in denen sich Venus gar nicht blicken lässt oder uns in der Morgendämmerung begrüßt. Die Mondssichel des zunehmenden Mondes, der schon am ________________ aufgegangen ist, behauptet anfangs noch schwach schimmernd, doch dann mit zunehmender Dunkelheit immer heller leuchtend, seinen stetigen Rang am Himmel. Inzwischen blinken zunächst vereinzelt, doch dann immer häufiger weitere _____________ auf, bis der Himmel mit einer unzählbaren Vielzahl dieser fernen Lichter übersät ist.*

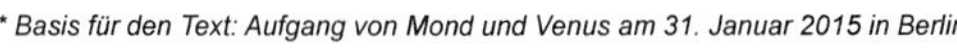

* Basis für den Text: Aufgang von Mond und Venus am 31. Januar 2015 in Berlin

Lernwerkstatt PLANETEN & STERNE
Vom Sonnensystem bis ins weite Universum – Bestell-Nr. 11 935
KOHL VERLAG

2. Der Himmel ist voller interessanter Objekte

EA

Aufgabe 1: *Welche Himmelskörper kennst du? Du siehst einige auf dem Bild. Schreibe in jedes Feld ein Wort.*

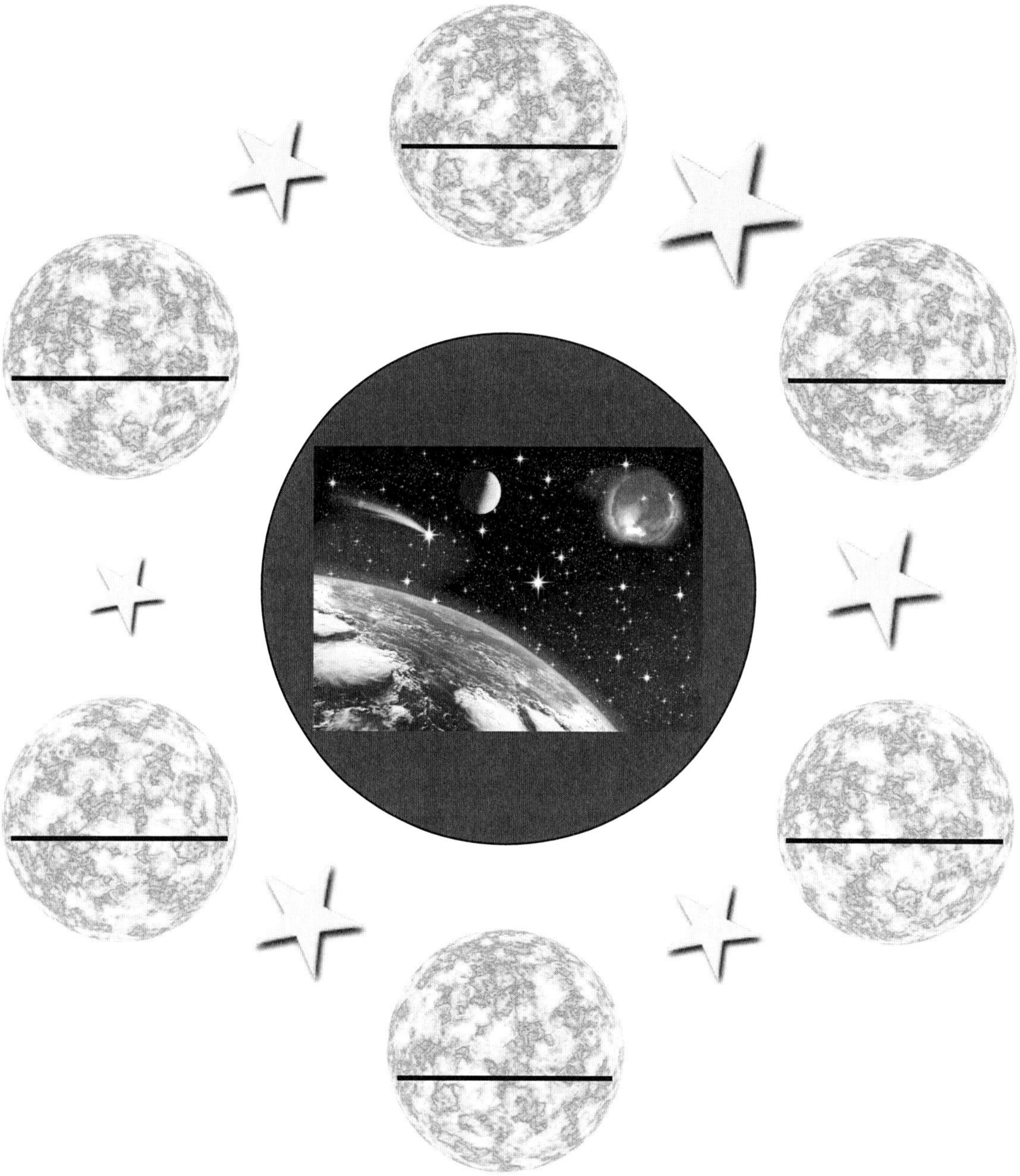

EA

Aufgabe 2: *Welche Himmelskörper leuchten selbst – sind also Lichtquellen? Welche werden beleuchtet und reflektieren das Licht?*

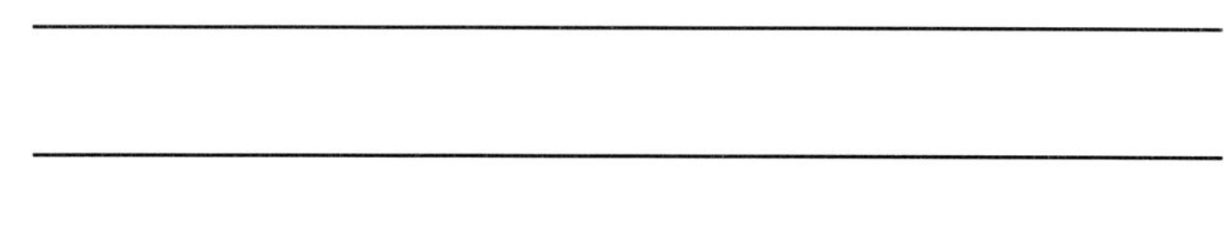

Lernwerkstatt PLANETEN & STERNE
Vom Sonnensystem bis ins weite Universum – Bestell-Nr. 11 935

3. Was du über die Himmelskörper wissen willst

EA

Aufgabe 1: *Je öfter du den Sternenhimmel beobachtest, desto mehr möchtest du über die geheimnisvollen Gestirne wissen. Schreibe einige deiner Fragen dazu zunächst auf die „Notizzettel“ auf dem Arbeitsblatt. An die Pinwand im Klassenraum werden anschließend die Fragen aller Schüler geheftet, um sie in den folgenden Stunden zu diskutieren und zu beantworten.*

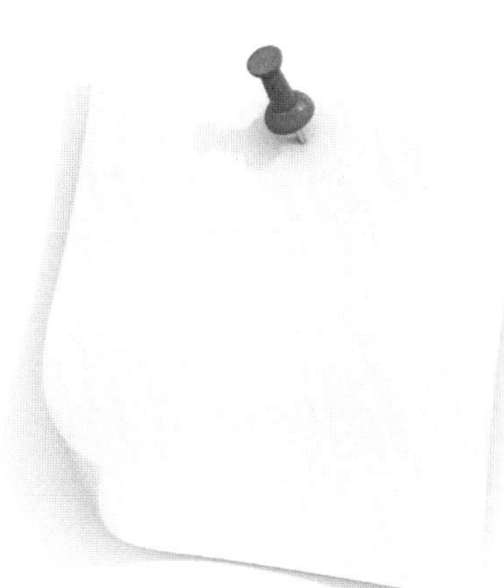

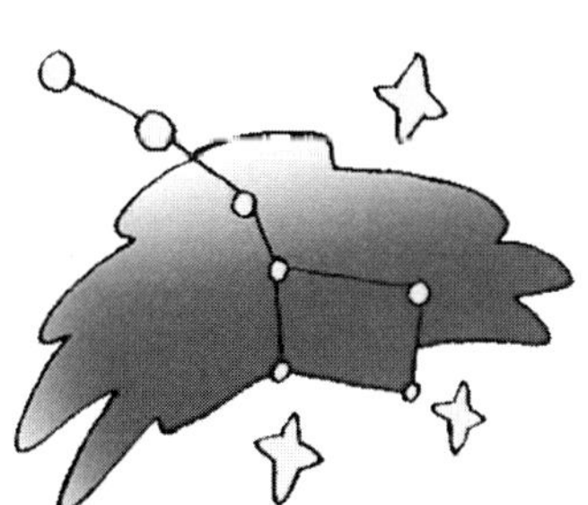

4. Tipps für deine Himmelsbeobachtung

Beim Blick aus dem Fenster vor dem Schlafengehen, bei abendlichen Spaziergängen oder während einer Nachtwanderung mit der Klasse kannst du viele Eindrücke vom Sternenhimmel sammeln. Um zielgerichtete Beobachtungen durchzuführen, wie zum Beispiel den Auf- und Untergang des Abendsterns Venus zu verfolgen, eine Mondfinsternis oder einen nächtlichen „Sternschnuppenregen“ zu beobachten, solltest du dich unter dem freien Nachthimmel für mehrere Stunden bequem einrichten sowie einige Hilfsmittel bereitstellen. Was dazu gehört, kannst du den folgenden Tipps entnehmen.

Tipps

Was du bei deiner Himmelsbeobachtung beachten solltest

- Wähle einen Platz im Garten oder im Park deiner Wohnanlage mit guter Sicht zum Himmel aus.
- Stelle einen bequemen Stuhl, am besten einen verstellbaren Liegestuhl bereit, sodass du auch den Kopf bei Sicht zum Himmel in eine bequeme Lage bringen kannst.
- Eine warme Decke kannst du in den späten Abendstunden oder in der Nacht gut gebrauchen, damit du nicht auskühlst.
- Heißer Kakao oder heißer Tee, den du am besten in einer Thermoskanne bereit hältst, sowie ein belegtes Brötchen oder Gebäck werden dir helfen, die Müdigkeit zu überwinden.
- Für Notizen und Skizzen benötigst du einen Zeichenblock, Kugelschreiber bzw. Bleistift und eine Taschenlampe.

> **Tipp:** Wenn du dir auf einem großen Blatt die Umrisse von Häusern und Bäumen in der unmittelbaren Umgebung deines Beobachtungsstandortes aufmalst, kannst du leichter die Positionen der Gestirne markieren.

- Für das Auffinden von Sternen und für deine Notizen benötigst du mitunter eine Uhr und einen Kompass.
- Obwohl sich die Sterne auch mit bloßem Auge gut beobachten lassen, kannst du zur Vergrößerung ein einfaches Fernglas verwenden.

Lernwerkstatt PLANETEN & STERNE – Bestell-Nr. 11 935
Vom Sonnensystem bis ins weite Universum

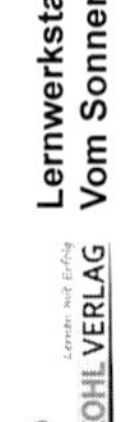

4. Tipps für deine Himmelsbeobachtung

EA

Aufgabe 1: *Plane deinen ersten Beobachtungsabend. Schreibe deine Planung auf und hefte sie an deine persönliche Pinwand.*

a) Lege einen Termin für einen Abend mit wolkenlosem Himmel und Sichtbarkeit des Mondes (Wetterbericht verfolgen, Mondphasen aus Kalender entnehmen) fest.

____

b) Welche Erscheinungen (Mond, eventuell Mondfinsternis, Stern, Sternbild, Sternschnuppen ...) willst du beobachten?

____

____

____

c) Sprich dein Vorhaben auch mit deinen Eltern und den Eltern deiner Freunde bzw. Klassenkameraden ab, falls du dich für eine Himmelsbeobachtung im Team entscheidest; die Eltern haben ganz sicher gute Ideen zur Unterstützung deines nächtlichen Projektes.

d) Notiere dir, was du alles benötigst.

____

____

____

EA

Aufgabe 2: *In dem folgenden Suchrätsel haben sich Wörter versteckt, welche Himmelskörper oder kosmische Erscheinungen beschreiben. Wenn du das Lösungswort durch sinnvolles Ordnen der markierten Buchstaben entzifferst, erfährst du, wie die Wissenschaft von den Gestirnen heißt.*

B	R	G	D	S	T	E	R	N	R	L	S	S	U	S	S
K	O	W	D	Z	Z	L	L	I	G	P	K	T	D	O	R
T	M	O	N	D	N	M	X	U	G	L	E	E	F	N	O
E	M	H	R	X	J	O	Q	J	S	A	V	R	Y	N	C
M	G	L	O	C	G	N	I	U	M	N	P	N	B	E	H
Y	S	J	V	W	T	D	T	S	N	E	L	S	U	N	S
X	T	F	H	X	C	F	M	A	M	T	C	C	T	F	P
Y	E	O	N	G	X	I	A	T	K	C	I	H	V	I	T
D	R	Z	X	E	S	N	E	E	G	Z	B	N	W	N	L
O	N	A	V	S	W	S	L	L	Q	N	R	U	O	S	K
P	B	X	D	T	Z	T	J	L	S	K	R	P	S	T	O
C	I	Q	B	I	R	E	N	I	T	S	K	P	S	E	H
K	L	A	H	R	J	R	K	T	L	O	E	E	B	R	O
Q	D	V	Z	N	L	N	E	N	O	N	W	N	U	N	L
N	S	T	H	A	B	I	R	H	J	N	R	X	N	I	Q
L	U	D	T	J	A	S	Z	H	A	E	N	A	B	S	R

Diese 10 Wörter sind versteckt:

____

____

____

____

____

____

____

____

____

____

Lösungswort:

____

Lernwerkstatt PLANETEN & STERNE Vom Sonnensystem bis ins weite Universum – Bestell-Nr. 11 935

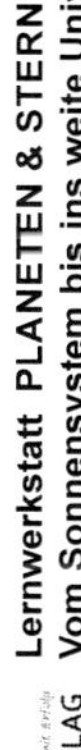

5. Erforsche die scheinbare Bewegung der Gestirne

Beobachtungsauftrag:

Untersuche die Stellung des Mondes und zwei weiterer heller Sterne, die nicht senkrecht über dir stehen, im Abstand von je einer Stunde am nächtlichen Himmel.

EA

Aufgabe 1: *Fertige eine Skizze der Umrisse von Häusern, Türmen und Bäumen in unmittelbarer Umgebung deines Beobachtungsstandortes nach dem Muster der untenstehenden Abbildung an. Richte deinen Beobachtungsplatz unter Beachtung der Tipps in Kapitel 4 ein.*

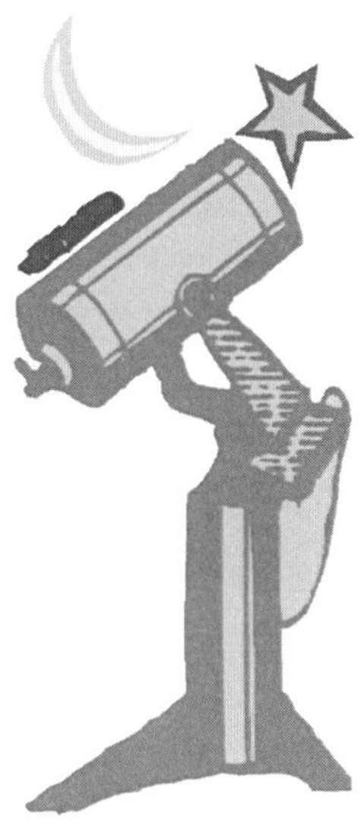

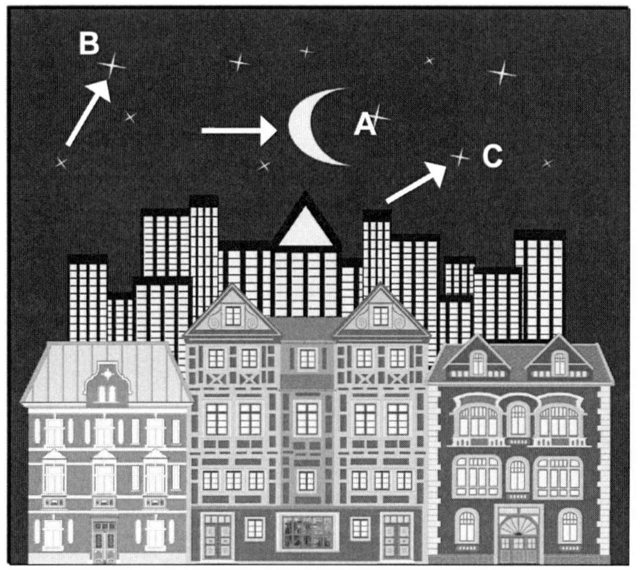

Meine Skizze!

5. Erforsche die scheinbare Bewegung der Gestirne

EA

Aufgabe 2: *Markiere die Stellung der drei Gestirne A, B und C auf deinem Zeichenblatt relativ zu den Gebäuden oder Bäumen mit unterschiedlichen Farben. Zeichne ihre Position nach einer, zwei und nach drei Stunden erneut ein. Wenn du Ausdauer hast, kannst du deine Beobachtungsdauer auch noch um eine Stunde verlängern.*

EA

Aufgabe 3: *Verbinde jeweils die Positionen des Mondes und eines jeden Sternes mit je einer Linie in der entsprechenden Farbe, mit der du die Sterne markiert hast.*

EA

Aufgabe 4: *Werte die Aufzeichnungen deiner Beobachtung aus. Welche Schlussfolgerungen ziehst du aus deinem Beobachtungsergebnis? Entscheide dich für die richtige Antwort! Setze „X“.*

- ❑ A Der gesamte Sternenhimmel dreht sich um die Erde.
- ❑ B Mond und Sterne wandern in 24 Stunden einmal um die Erde.
- ❑ C Die nächtliche Bewegung der Gestirne von Ost nach West nimmt man nur so wahr, ist aber nicht wirklich so, weil sich die Erde in 24 Stunden einmal von West nach Ost um ihre eigene Achse dreht.

EA

Aufgabe 5: **a)** *Informiere dich in Nachschlagwerken oder im Internet darüber, was man unter einem Himmelsglobus versteht.*

____

____

____

b) *Welche scheinbare Bewegung wird durch die Drehung des Himmelsglobusses um seine Achse simuliert? Welche reale Bewegung ist die Ursache dafür?*

____

____

____

____

____

KOHL VERLAG Lernwerkstatt PLANETEN & STERNE Vom Sonnensystem bis ins weite Universum – Bestell-Nr. 11 935

6. Auch die Sonne zieht ihre Bahn

EA

Aufgabe 1: *Vervollständige folgenden Text, indem du die Wörter aus untenstehender Liste passend in die Lücken einfügst.*

Sicht – Tag – Horizont – Himmel – Sonnen – Licht – Nacht – Sonne – Osten

Tagsüber können wir im Allgemeinen nur ein Gestirn beobachten – unsere ___________. Natürlich sind der Mond und die anderen Sterne nicht verschwunden, aber wir können sie nicht sehen, weil das ___________ der Sonne den Taghimmel überflutet. Den täglichen „Lauf" der Sonne kennst du: Sie geht im ____________ auf, steigt, bis sie mittags ihren höchsten Punkt am ____________ – den Zenit – erreicht hat, um dann wieder abzusteigen und unter dem ____________ zu versinken. Das schwache Licht der Dämmerung weicht schließlich der ____________, welche uns bei klarer ___________ den Sternenhimmel präsentiert. Es sind unzählig viele _____________, die allerdings so weit entfernt sind, dass ihr Licht nur geschwächt von den Menschen beobachtet werden kann. Nun können wir die Sonne nicht mehr sehen aber bereits am nächsten ____________ kündet die Morgendämmerung von ihrer neuen Runde.

EA

Aufgabe 2: *Zeichne in die unten stehende Grafik näherungsweise den Stand der Sonne auf ihrer täglichen Bahn. Du kannst auch die Bilder von der Sonne ausschneiden und aufkleben.*

A

B

C

D

E

(A) bei Sonnenaufgang
(B) am Vormittag etwa 9 Uhr
(C) 12 Uhr Mittag (Winterzeit)
(D) am Nachmittag etwa 15 Uhr
(E) bei Sonnenuntergang

N
W E
S

Horizont

7. Alles dreht sich – Scheinbare und wirkliche Bewegung von Erde und Sonne

EA

Aufgabe 1: *Vergleiche die Darstellung in dem historischen Bild rechts mit den Ergebnissen deiner täglichen und nächtlichen Himmelsbeobachtung. Beantworte dazu folgende Fragen:*

a) *Welcher Himmelskörper befindet sich auf dem Bild im Mittelpunkt?*

____

b) *Welche Himmelskörper kreisen auf dem Bild um diesen Körper?*

____

c) *Stimmt die Darstellung auf dem Bild mit deinen Himmelsbeobachtungen angenähert überein?*

____

____

Deine Beobachtungen des nächtlichen Sternenhimmels und des täglichen Sonnenstandes lassen dich möglicherweise berechtigt zu der Schlussfolgerung kommen, dass sich Sonne, Mond und Sterne im Laufe eines Tages einschließlich der Nacht um die Erde drehen, denn wir beobachten tatsächlich von der Erde aus eine scheinbare Bewegung von Sonne, Mond und Sternen.

Diese falsche Annahme, dass sich die Erde fest im Mittelpunkt des Weltalls befinde und sich alle anderen Himmelskörper auf Kreisbahnen um ihren Mittelpunkt bewegen, prägte das Weltbild seit dem Altertum bis ins späte Mittelalter. Der griechische Gelehrte Claudius Ptolemäus (geb. um 100) beschrieb in seinem Werk das sogenannte geozentrische Weltbild, welches erst um 1600 durch das bis heute anerkannte heliozentrische Weltbild berichtigt wurde.

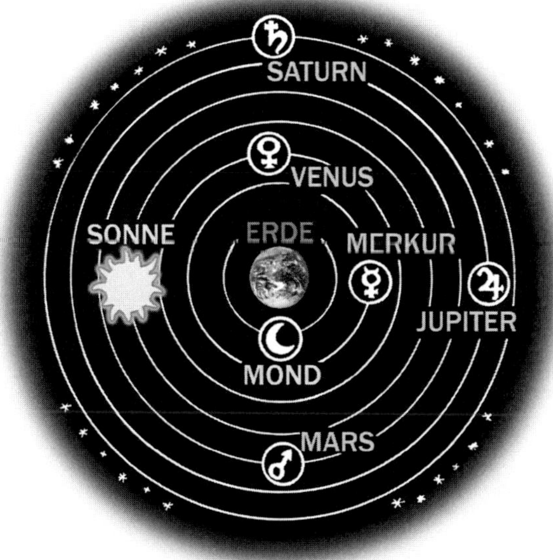

Geozentrisches Weltbild mit der Erde im Mittelpunkt des Weltalls

7. Alles dreht sich – Scheinbare und wirkliche Bewegung von Erde und Sonne

EA

Aufgabe 2: *Stell dir vor, du sitzt in der Gondel eines sich schnell drehenden Karussells. Welche Aussage trifft zu? Setze „X“.*

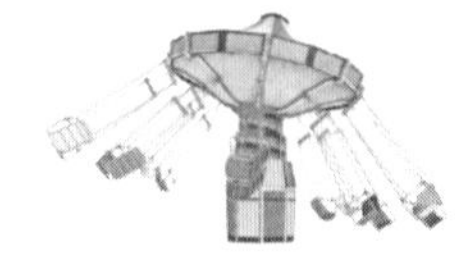

- ❑ **A** Menschen, Häuser und Bäume drehen sich um dich.
- ❑ **B** Es scheint nur so, als ob sich Menschen, Häuser und Bäume um dich drehen, denn sie bleiben in Ruhe.

Gehe davon aus, dass die Erde mit einem Karussell vergleichbar schnell rotiert. Stelle diese Bewegung an einem Globus nach. Welche Aussage trifft zu? Setze „X“.

- ❑ **C** Sonne und Sterne drehen sich um die Erde.
- ❑ **D** Die Kreisbewegung von Sonne und Sternen um die Erde ist nur scheinbar.

EA

Aufgabe 3: *Welche Ursache vermutest du für die scheinbare Bewegung der Gestirne?*

____

____

____

EA

Aufgabe 4: *Setze den folgenden Text sinnvoll fort:*

Anna und Jan fahren in den Ferien allein mit der Bahn zu den Großeltern aufs Land. Die Eltern haben ihre Kinder mit dem Auto zum Bahnhof gefahren und geholfen, das Gepäck beim Einsteigen in den Zug zu heben. Nachdem sie ihren Eltern durch das große Fenster neben ihrem Sitzplatz noch mal zugewunken haben, warten sie ungeduldig darauf, dass sich der Zug nun endlich in Bewegung setzt. Auf dem Nachbargleis steht auch ein Zug, dessen Abfahrt 3 Minuten früher auf der elektronischen Anzeige über dem Bahnsteig in die andere Richtung angezeigt wird. Plötzlich stupst Jan seine Schwester in die Seite und ruft erfreut: „Wir fahren los!“ Doch Anna winkt lachend ab ...

____

____

____

____

____

Lernwerkstatt PLANETEN & STERNE Vom Sonnensystem bis ins weite Universum – Bestell-Nr. 11 935

7. Alles dreht sich – Scheinbare und wirkliche Bewegung von Erde und Sonne

Die Erde führt in 24 Stunden eine vollständige Drehbewegung (Rotation) um eine gedachte Linie – die Erdachse aus. Die Erde dreht sich von Westen nach Osten. Die Punkte, in denen die Erdachse die Erde durchstößt, werden als Pole, bezeichnet. Wir unterscheiden den Nordpol (N) und den Südpol (S). Wenn man die Erdachse beliebig weit über den Nordpol hinaus verlängert, stößt man annähernd auf den Polarstern.

Außer der Rotation umrundet die Erde während eines Jahres die Sonne. Diese Bewegung nennt man auch Revolution. Die Erdbahn um die Sonne ist angenähert kreisförmig. Dabei beträgt der Abstand der Erde durchschnittlich etwa 150 Millionen Kilometer; er schwankt um 5 Millionen Kilometer zwischen Sonnennähe und Sonnenferne. Die Erdachse steht nicht senkrecht auf der Bahnebene der Erde sondern schief. Das bewirkt, dass Nord- und Südhalbkugel der Erde zu einem bestimmten Zeitpunkt unterschiedlich stark von der Sonne bestrahlt werden. Das ist die Ursache für das Auftreten der Jahreszeiten.

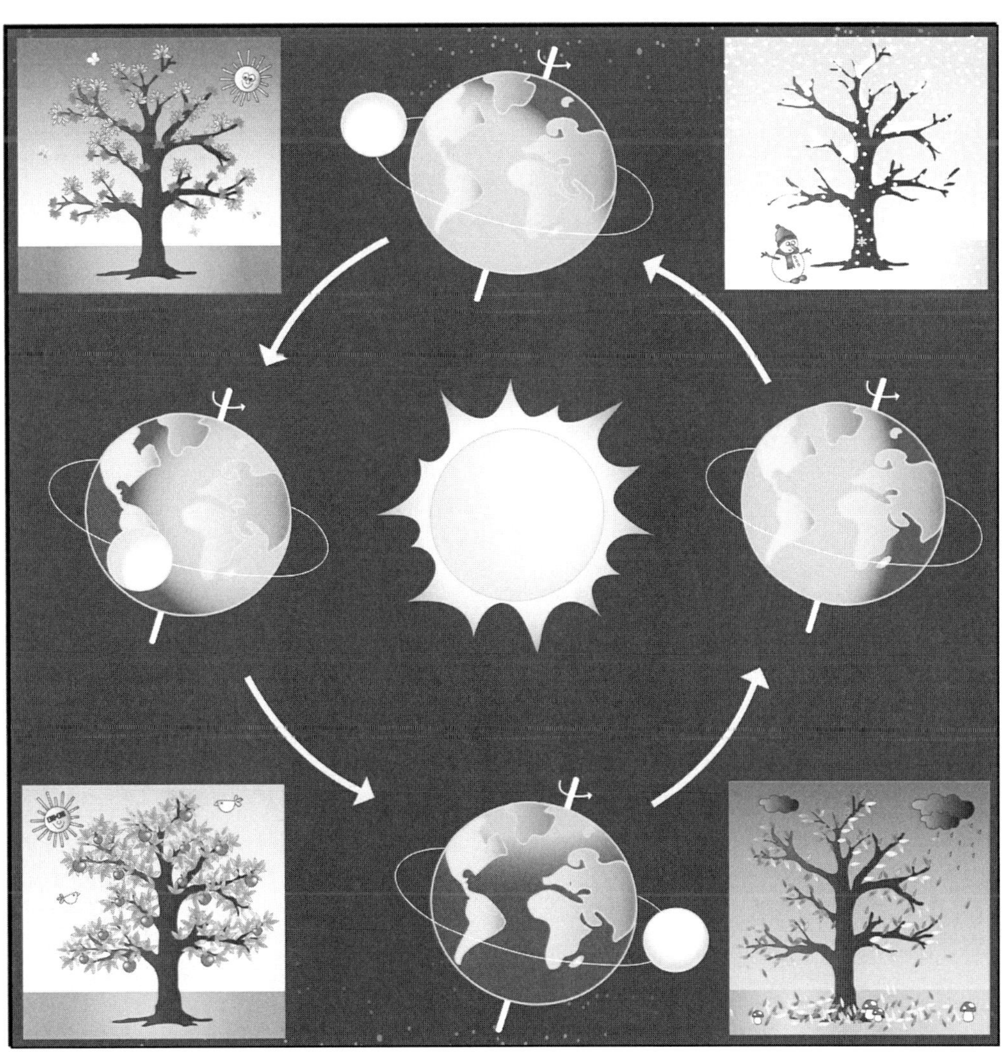

7. Alles dreht sich – Scheinbare und wirkliche Bewegung von Erde und Sonne

EA

Aufgabe 5: *Der Äquator ist ein großer Kreis, welcher die Erdkugel in der Mitte umfängt. Er zieht die Grenzlinie zwischen Nordhalbkugel und Südhalbkugel. Die geografische Lage der Länder im Vergleich zum Äquator bestimmt unter anderem ihr Klima. Welche der folgenden Aussagen sind wahr? Setze „X".*

- ❑ A In Regionen um den Äquator treten keine Jahreszeiten auf.
- ❑ B Wenn sich die Erde auf ihrer kosmischen Runde weiter von der Sonne entfernt, herrscht auf der Erde Winter.
- ❑ C Im Sommer befindet sich die Erde auf ihrer kosmischen Bahn in Sonnennähe.
- ❑ D Das Auftreten der Jahreszeiten ist nicht auf Sonnennähe und Sonnenferne der Erde zurückzuführen, sondern auf die Neigung der Erdachse gegen die Erdbahnebene.

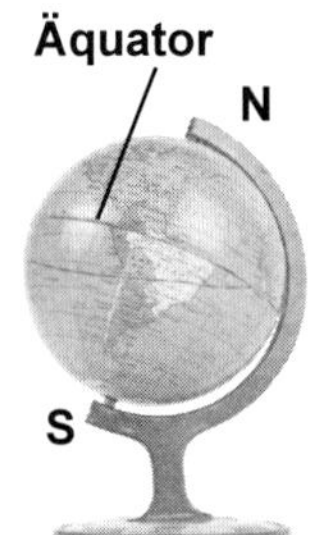

EA

Aufgabe 6: **a)** *Fülle den Lückentext mit den passenden Begriffen:*

Erdachse – Nordpol – Polarstern – Sonne – Revolution
Drehbewegung – Südpol – Rotation – Nordrichtung

Die Erde macht eine ________________ um sich selbst an einem Tag, genau in 24 Stunden. Die gedachte Linie, um die sich die Erde dreht, heißt ____________. Die zwei Endpunkte, in denen die Erdachse die Erde „durchstößt", nennt man den __________ und den __________. Über dem Nordpol befindet sich der sehr helle ___________. Der ist gut zu sehen und dient oft zur Feststellung der geographischen ____________. Die Drehung der Erde um sich selbst nennt man ____________ und die Bewegung der Erde um die Sonne heißt ______________. Ein Jahr – so lange dauert es, bis die Erde die __________ einmal umrundet.

b) *Recherchiere im Internet, wie man im Himmel den Polarstern findet. Zeichne den „Suchweg" in das Bild.*

8. Wandelsterne und Fixsterne

EA

Aufgabe 1: *Welche leuchtenden Objekte kannst du am nächtlichen Himmel beobachten? Welche davon haben am Himmel mit Ausnahme der täglichen (und nächtlichen) Drehung des Sternenhimmels scheinbar ihren festen Platz und welche bewegen sich vergleichsweise schnell? Schreibe sie auf und setze „X“ bei „fest“ oder „bewegt“.*

Objekte am nächtlichen Himmel	fest	bewegt

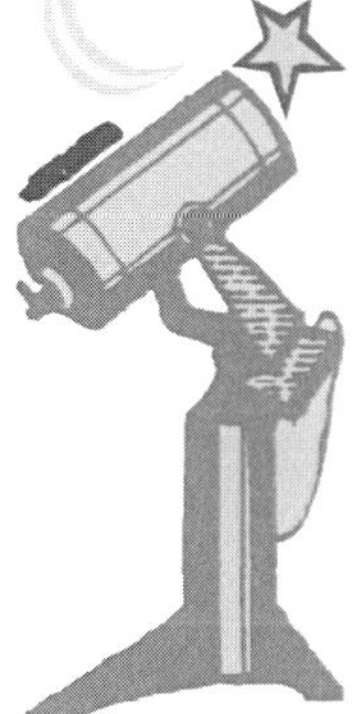

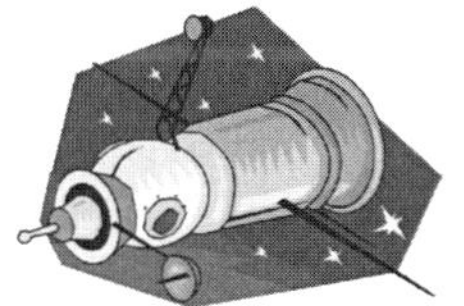

Fixstern (von lateinisch „fix“ in der Bedeutung von „fest“) ist eine aus der Antike stammende Bezeichnung für die scheinbar unverrückbar am Nachthimmel stehenden (also fixen) und stets dieselbe Stellung zueinander einnehmenden Sterne. Im Gegensatz zu den Fixsternen unterschied man die mit bloßem Auge sichtbaren **Wandelsterne** (wie zum Beispiel Planeten Monde oder Kometen), die innerhalb kurzer Zeiträume ihre Position am Himmel merklich verändern.

Aufgabe 2: *Woran kannst du die Bewegung der Wandelsterne, zum Beispiel des schnellen Mars, bei deiner Himmelsbeobachtung erkennen? Diskutiere die Frage mit deinen Mitschülern und mit dem Lehrer.*

Lernwerkstatt PLANETEN & STERNE
Vom Sonnensystem bis ins weite Universum – Bestell-Nr. 11 935

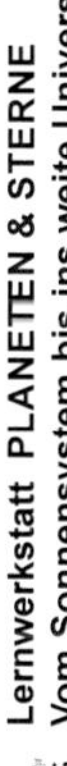

9. Unsere Sonne

EA

Aufgabe 1: *Was wäre, wenn es unsere Sonne nicht gäbe? Schreibe Sätze.*

____

____

____

____

____

____

EA

Aufgabe 2: *Wenn Du für die Lücken im folgenden Fragetext die richtigen Begriffe findest und die Wörter passend in die nummerierten, waagerechten Felder einträgst, erhältst du in den dunkel markierten Feldern von oben nach unten gelesen ein Lösungswort. Schreibe es unten auf.*

1. Das Sonnensystem ist unsere kosmische (...?).
2. Die Sonne ist einer, genau wie unzählige andere (...?) des Weltalls.
3. Die Sonne steht im (...?) unseres Planetensystems.
4. An der Oberfläche der Sonne herrschen extrem hohe (...?).
5. Mit ihrer großen Masse und großen Kraft schafft die Sonne in unserem Planetensystem (...?).
6. Mit ihren Strahlen sendet uns die Sonne (...?) und Wärme.
7. Ohne Sonne gäbe es auf der Erde kein (..?)

Lösungswort: ____________________________

Lernwerkstatt PLANETEN & STERNE
Vom Sonnensystem bis ins weite Universum – Bestell-Nr. 11 935
KOHL VERLAG

10. Unser Sonnensystem

Unsere kosmische Heimat ist das Sonnensystem. Im Zentrum steht die Sonne. Sie ist wie andere Fixsterne eine brodelnd heiße Masse, die gewaltige Energiemengen in Form von Licht und Wärme abstrahlt. Im Gegensatz zur Sonne sind die Planeten keine selbstleuchtenden Himmelskörper. Wir können sie nachts sehen, weil sie von der Sonne beleuchtet werden. Die Sonne hat noch eine andere Wirkung: Sie hält durch ihre Anziehungskraft die Erde und weitere sieben Planeten auf annähernd kreisförmigen Bahnen und sorgt damit dafür, dass kein Planet ihren Herrschaftsbereich verlässt. Auch andere kleinere Objekte bewegen sich im Raum zwischen den Planeten.

EA

Aufgabe 1: *In welchem Abstand von der Sonne zieht unser Heimatplanet Erde seine kosmische Bahn? Wie lange braucht die Erde für einen Umlauf um die Sonne? Ermittle im Internet.*

mittlerer Abstand von der Sonne: ______________________________

Umlaufdauer: ______________________________

EA

Aufgabe 2: *Schreibe hier die Namen der Planeten in der Reihenfolge ihres zunehmenden Abstandes von der Sonne auf. Einige Buchstaben sind zur Hilfe schon vorgegeben.*

1. M __ R K __ __ *ist der Sonne am nächsten.*
2. __ E __ __ __
3. __ R __ __
4. M __ __ S
5. J __ P __ __ __ R
6. __ A T __ RN
7. __ R __ NU __
8. N __ __ __ __ N *ist der Sonne am fernsten.*
9. *Dieser Zwerg gehört seit dem Jahr 2006 nicht mehr dazu.*

KOHL VERLAG Lernwerkstatt PLANETEN & STERNE Vom Sonnensystem bis ins weite Universum – Bestell-Nr. 11 935

10. Unser Sonnensystem

EA

Aufgabe 3: *In dem kosmischen Buchstabengewirr haben sich die Namen der acht Planeten sowohl waagerecht als auch senkrecht versteckt. Markiere die entsprechenden Felder. Die Wörter können sich im Gegensatz zu den Planetenbahnen auch kreuzen. Sei wachsam, denn es haben sich im kosmischen Staub auch Himmelskörper daruntergemischt, die keine Planeten sind.*

C	U	V	E	R	U	S	P	I	N	E	P	T	U	N	E	R	T	E	G
S	O	J	U	P	I	T	E	R	Ö	A	D	B	U	H	M	M	K	I	Q
S	U	Z	R	U											T	O	A	V	U
A	S	I	A	R											E	N	L	E	F
T	T	S	N	U											L	D	I	N	O
U	E	P	U	F											S	A	E	U	L
R	R	A	S	O											T	M	N	S	K
N	N	C	M	L											A	E	S	B	O
H	E	E	A	T											U	F	O	P	M
M	F	O	M	O											B	I	Y	W	E
O	K	L	A	R											A	X	E	Z	T
N	M	E	R	K	U	R	W	E	L	T	R	A	U	M	Y	E	R	D	E
D	U	B	S	A	G	P	L	T	N	E	T	O	I	T	E	N	M	O	N
S	O	N	N	E	X	E	U	F	O	M	E	T	E	O	R	I	T	E	N

EA

Aufgabe 4: *Welche Kleinkörper des Sonnensystems kennst du? Schreibe sie hier auf.*

____

____

EA

Aufgabe 5: *Auf Neujahrskarten werden oft Kometen wie geschweifte Sterne als Glücksboten dargestellt. In früheren Zeiten deutete man ihr Erscheinen mitunter aber auch als Ankündigung von Kriegen oder anderen Katastrophen. Was weißt du über Kometen?*

____

____

____

Lernwerkstatt PLANETEN & STERNE
Vom Sonnensystem bis ins weite Universum – Bestell-Nr. 11 935
KOHL VERLAG

10. Unser Sonnensystem

EA

Aufgabe 6: *Meteoriden sind große oder kleine Gesteinsbrocken, die sich im Raum zwischen den Planeten bewegen. Wenn kleinere Meteoriden in die Erdatmosphäre eintreten, verglühen sie, ohne die Erdoberfläche zu erreichen. Wir können dann helle Erscheinungen am Himmel beobachten, die wie Regen in Richtung Erde steuern aber kurz, bevor sie die Erde erreicht haben, erlöschen. Wie nennt man dieses Schauspiel der Natur?*

____

Nikolaus Kopernikus.

Die Erde kreist, so wie die anderen Planeten auch, um die Sonne. Astronom Nikolaus Kopernikus (1473-1543) war der erste Wissenschaftler, der dies erkannte und Sonne als Mittelpunkt unseres Sonnensystems bezeichnete. In seinem Werk, das 1543 in Nürnberg gedruckt wurde, beschreibt er das neue Weltbild unseres Sonnensystems, nach dem sich die Erde um die eigene Achse dreht und sich zudem wie die anderen Planeten um die Sonne bewegt. Der Astronom Johannes Kepler (1571-1630) erkannte dann später, dass die Planetenbahnen nicht wirklich Kreise sondern Ellipsen sind. Er stellte die Gesetze auf, nach denen sich alle Planeten, Mond und Satelliten bewegen. Der Physiker Isaac Newton fand 1687 das Gravitationsgesetz heraus, das auch besagt, dass sich alle Körper gegenseitig anziehen. Diese Anziehungskraft ist umso größer, je schwerer die Körper sind und je näher sie sind. Je weiter die Körper voneinander entfernt sind, desto schwächer ist die Anziehungskraft. Auch die Sonne hat diese Anziehungskraft. Die Erde umkreist die Sonne und dabei entsteht noch eine Kraft – die Fliehkraft. Die Fliehkraft zieht die Erde nach außen. Es wirken also zwei gegensätzliche Kräfte: die Anziehungskraft zieht die Erde Richtung Sonne und die Fliehkraft zieht sie weg von der Sonne. Beide Kräfte halten sich die Waage und so bewegt sich die Erde immer auf einer fast identischen Bahn – sie fliegt nicht auf die Sonne zu, verschwindet aber auch nicht im All.

EA

Aufgabe 7: **a)** *Welche Verdienste kommen den folgenden Persönlichkeiten in der astronomischen Forschung zu?*

Nikolaus Kopernikus | **Johannes Kepler** | **Isaak Newton**

b) *Was geschah zu welcher Zeit? Finde im Text Infos zu folgenden Jahreszahlen:*

_____ – es wurde ein Werk von Kopernikus gedruckt. In dem Werk wird das neue Weltbild beschrieben, nach dem sich die Erde um die eigene Achse dreht und sich zudem wie die anderen Planeten um die Sonne bewegt.

_____ – die Erfindung des Gravitationsgesetzes von Newton.

c) *Welche zwei Kräfte halten die Erde in ihrer Bahn?*

____

Lernwerkstatt PLANETEN & STERNE Vom Sonnensystem bis ins weite Universum – Bestell-Nr. 11 935

11. Steckbriefe für Planeten

EA

Aufgabe 1: **a)** *Um beispielsweise Planeten auf Sternkarten einzuzeichnen, wurde jedem Planet ein Zeichen zugeordnet. Du findest die Zeichen auf Blatt 2. Ergänze die Planetenbilder mit den passenden Zeichen, welche du auf die Bilder malen sollst. Falls das zu schwer für dich ist, kannst du die Planetenzeichen auch ausschneiden und aufkleben.*

b) *Ordne die den Planeten eigenen Merkmale passend zu. Die Merkmale findest du ungeordnet im interplanetaren Raum. Zu deiner Erleichterung brauchst du nur die zugehörigen Buchstaben in die Planetenblasen zu schreiben.*

F Gasriese

W zweitgrößter Planet

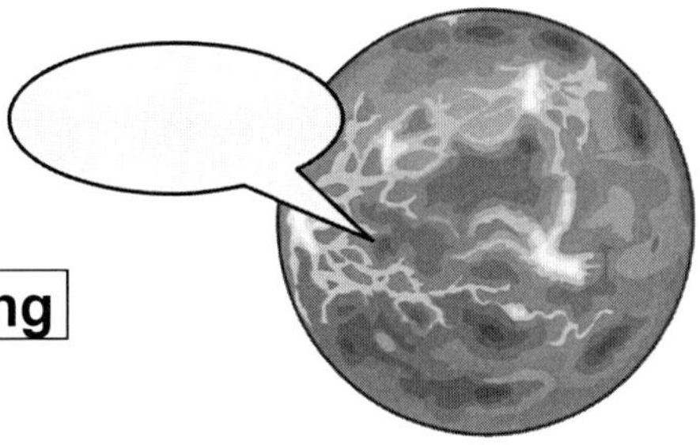

M Gasplanet

G Ring

A drittgrößter Planet

J sonnenfernster Planet

R Eisriese

3

4

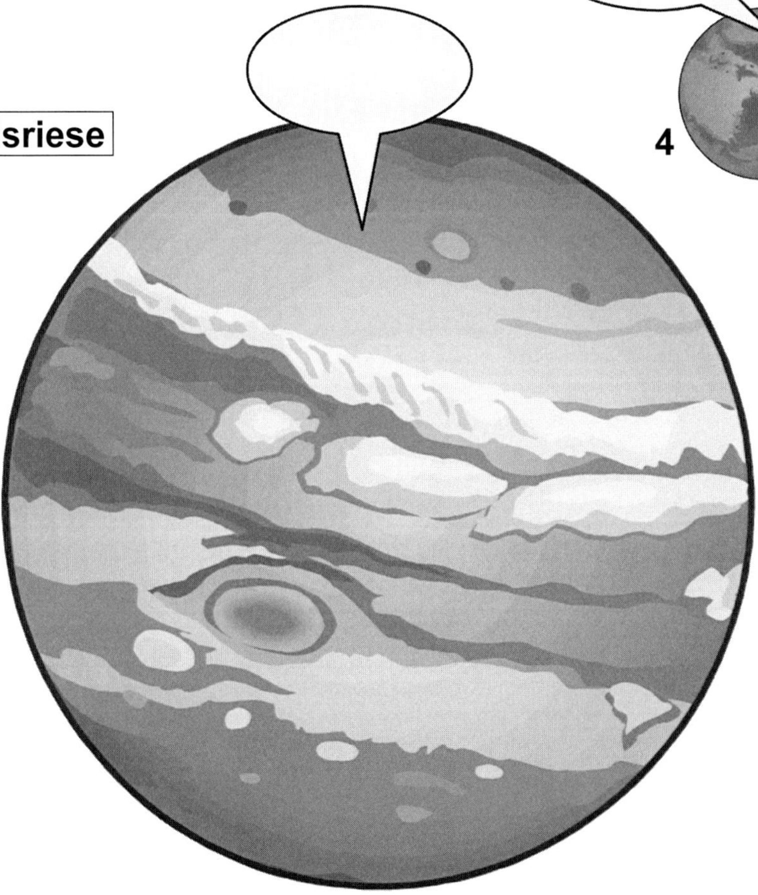

P Gasplanet

H kleinster Planet

Lernwerkstatt PLANETEN & STERNE
Vom Sonnensystem bis ins weite Universum – Bestell-Nr. 11 935
KOHL VERLAG

11. Steckbriefe für Planeten

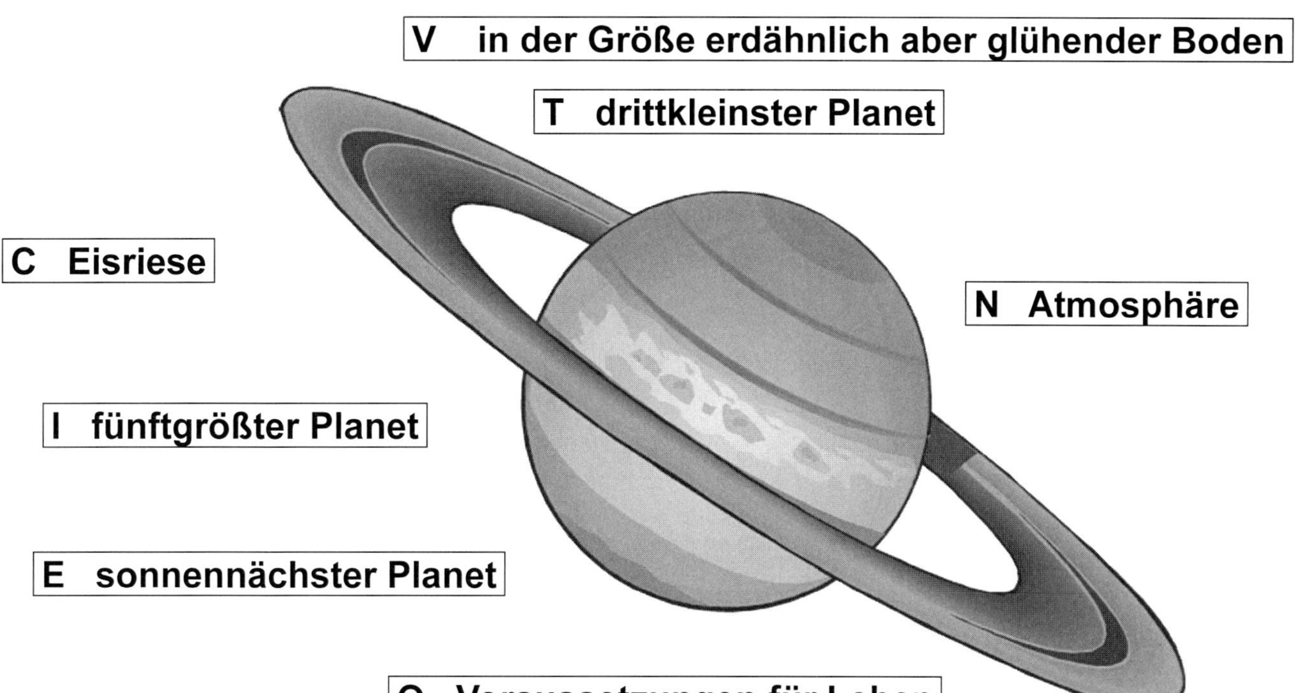

V in der Größe erdähnlich aber glühender Boden

T drittkleinster Planet

C Eisriese

N Atmosphäre

I fünftgrößter Planet

E sonnennächster Planet

O Voraussetzungen für Leben

B in Babylonien wegen seines goldgelben Lichts als Königsstern benannt

Q zweitkleinster Planet

L dunkles Gestein mit Kratern

K Gasplanet

D größter Planet

S blutrote Farbe

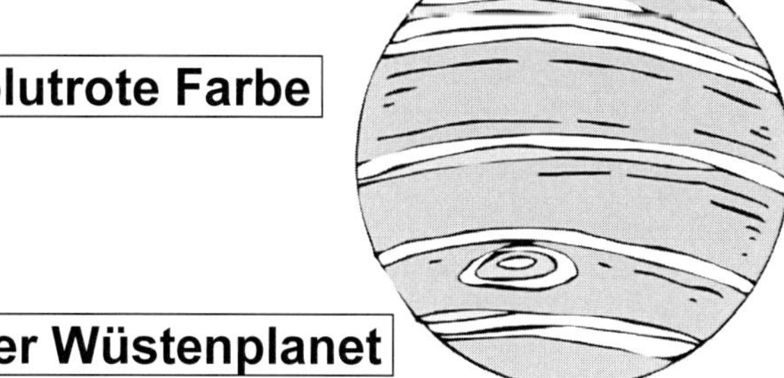

U rostiger Wüstenplanet

X Morgen- oder Abendstern

Astronomische Planetensymbole

1 Merkur	2 Venus	3 Erde	4 Mars	5 Jupiter	6 Saturn	7 Uranus	8 Neptun
☿	♀	♁	♂	♃	♄	♅	♆

KOHL VERLAG Lernwerkstatt PLANETEN & STERNE Vom Sonnensystem bis ins weite Universum – Bestell-Nr. 11 935

11. Steckbriefe für Planeten

Merkur

Größe: knapp 4880 km Durchmesser

Merkmale: sonnennächster Planet im Sonnensystem

Tagestemperatur: ≈ +430 °C

Umlaufzeit um die Sonne: 88 Erdentage

Venus

Größe: ca. 12.100 km Durchmesser

Merkmale: wird Morgen- und Abendstern genannt

Tagestemperatur: ≈ +464 °C

Umlaufzeit um die Sonne: 225 Erdentage

Erde

Größe: ca 12.700 km Durchmesser

Merkmale: einziger Planet mit nachweislichem Leben

Temperatur: ≈ -50 bis +50 °C

Umlaufzeit um die Sonne: 365 Erdentage

Mars

Größe: knapp 6800 km Durchmesser

Merkmale: Farbe: Orange; wird der Rote Planet genannt

Temperatur: ≈ +27 bis -133°C

Umlaufzeit um die Sonne: 687 Erdentage

Jupiter

Größe: knapp 143.000 km Durchmesser

Merkmale: größter Planet des Sonnensystems

Temperatur: ≈ -108 °C

Umlaufzeit um die Sonne: ca. 12 Jahre

Saturn

Größe: knapp 120.500 km Durchmesser

Merkmale: hell erleuchtete Ringe

Temperatur: ≈ -139 °C

Umlaufzeit um die Sonne: fast 30 Jahre

Uranus

Größe: knapp 51.000 km Durchmesser

Merkmale: erst 1781 entdeckt, nur mit Fernrohr erkennbar

Temperatur: ≈ -197 °C

Umlaufzeit um die Sonne: 84 Jahre

Neptun

Größe: knapp 50.000 km Durchmesser

Merkmale: am weitesten von der Sonne entrfernt

Temperatur: ≈ -201 °C

Umlaufzeit um die Sonne: 165 Jahre

Lernwerkstatt PLANETEN & STERNE
Vom Sonnensystem bis ins weite Universum – Bestell-Nr. 11 935

12. Planetenhymne oder die lyrische Geschichte vom kleinen Ausreißer Pluto

Planetenhymne

1. Hoch über den Wolken
im Kosmos droben
thronen sie
in den Rang der Götter erhoben.

2. Und ehrwürdig ziehen sie
im Orbit ihre Kreise.
Verehren die Sonne
auf ihre Weise.

3. Die Sonne
ist ihr zentraler Stern,
sendet Licht und Wärme
ins Weltall fern.

4. Sterne,
die sich um die Sonne bewegen,
nannten die Menschen seit Alters
Planeten.

5. Mit großer Wucht
donnern sie durchs All,
bringen alles auf ihrer Bahn
zu Fall.

6. Die Masse
dieser göttlichen Riesen
verleiht ihnen Kraft,
die Anziehung und Schwere schafft.

7. Und Göttern gleich,
im Größenwahn
räumen sie alles Kleine
aus ihrer Bahn.

8. Merkur
rast wie ein Götterbote fit
mit riesigem Tempo
durch den Orbit.

9. Venus
bekannt als Morgenstern
und Göttin der Liebe -
der Erde nicht fern.

EA

Aufgabe 1: *Wie viele Planeten zählt man heute zu unserem Sonnensystem?*

____

EA

Aufgabe 2: *Starte mit deinen Mitschülern eine Umfrage, bei welcher jeder Schüler 10 Bürger (Eltern, Großeltern, Nachbarn, Bürger auf der Straße…) nach der Anzahl der Planeten unseres Sonnensystems befragen soll. Die Ergebnisse der Umfrage sollen im Unterricht ausgewertet werden.*

____

Lernwerkstatt PLANETEN & STERNE
Vom Sonnensystem bis ins weite Universum – Bestell-Nr. 11 935
KOHL VERLAG

12. Planetenhymne oder die lyrische Geschichte vom kleinen Ausreißer Pluto

10. Dass die Erde
Zentrum sei im Kosmos,
lehrte irrtümlich der antike
Herr Ptolemäus.

11. Später zog Astronom
Kopernikus
einen sehr gewagten
Schluss.

12. Im Mittelpunkt sei die Sonne,
verkündet er weise,
um sie drehe die Erde
brav ihre Kreise.

13. Erscheint
ein roter Mars am Himmel,
denkt der Mensch
an des Kriegs Gewimmel.

14. Jupiter,
der gewaltige Stern,
leuchtet prächtig,
wenn auch fern.

15. Sendet gleich Zeus,
dem Vater der Götter,
den Bösen die Blitze
den Guten die Retter.

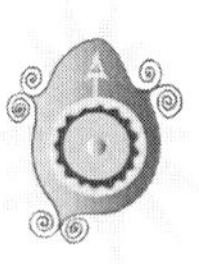

16. Saturn mit dem Ring
ist der fernste Planet,
den man mit bloßem Auge
sieht.

17. Merkur,
Venus, Mars, Jupiter und Saturn
kannten die alten Griechen
schon.

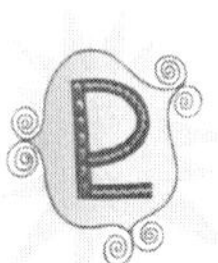

18. Uranus,
dieser gewaltige Klumpen,
wurde erst später
mit einem Fernrohr gefunden.

19. Weit draußen
zieht er gemächlich seine Bahn,
die man mit Kepplers Gesetzen
berechnen kann.

20. Der Teufel will's,
die Bahn wird gestört,
wer Schuld hat,
wird sehr bald geklärt.

21. So findet man Neptun,
den Gott der Meere.
Die Rechnung zeigt,
dass er den Uranus störe.

22. Auch Neptun läuft nicht ganz
in Kepplers Spur;
die Astronomen
staunen nur.

23. Im zwanzigsten Jahrhundert
ist vollbracht das Werk:
Pluto heißt der gesuchte
Zwerg.

24. Weit draußen
zieht er dahin
in den Tiefen des Raums.
Daraus folgt: man sieht Pluto kaum.

24. Dunkelheit und Kälte
sind für ihn bekannt,
deshalb hat man Pluto
nach dem Gott der Unterwelt benannt.

25. Ein Jahr
nennen wir die Zeit,
in der die Erde umkreist die Sonne.
Pluto braucht dafür ´ne Ewigkeit.

26. Zweihundertachtundvierzig Jahre
benötigt er für diese Runde;
berechneten die Forscher
der Himmelskunde.

27. In Büchern
und in Lexika
schrieb man:
der neunte Planet ist da.

29. Alle Schüler lernten
fleißig:
Neun Planeten gibt's
seit neunzehnhundertdreißig.

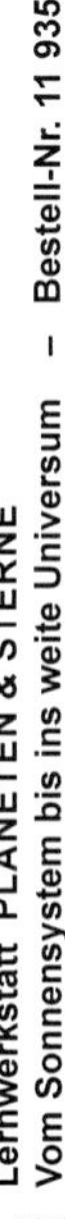

12. Planetenhymne oder die lyrische Geschichte vom kleinen Ausreißer Pluto

30. Doch das System war nicht
perfekt,
weil in Plutos Bahn
ein Fehler steckt.

31. Die Forscher
hoch zum Himmel sehn;
Vollkommenheit
bringt nur die Zehn.

31. Die Suche
nach dem Planeten X
bringt leider viele Jahre
nix.

32. Doch dann
findet man zu späterem Jahr
im Kosmos die Brocken
Eris, Sedna, Orcus und auch Quaoar.

33. Die Forscher
wanken zwischen
Freud und Pein.
Wer sollte nun der zehnte sein?

34. Wenn's Streit gibt,
darf man nicht verzagen
so traf man sich in Prag,
um zu beraten.

35. Dort fasste man im August
zweitausendsechs den Beschluss,
welche Bedingungen ein
Planet erfüllen muss.

36. Es müssen Bahnen
um die Sonne sein
kreisrund oder exzentrisch;
alles darf sein.

38. Eine große Masse
macht ihn rund.
Das gab man auch den
Göttern kund.

39. Auf seiner Bahn
der Planetengott keine
anderen Götter duldet,
was er seinem Herrschafts-
anspruch schuldet.

40. Diesen Geboten
Pluto nicht gehorchen konnte,
daraus folgte,
dass man ihn entthronte.

41. Also Menschen
gebt nun acht:
Der Planeten gibt es nur noch
acht!

EA

Aufgabe 3: *Wo ist Pluto? Welcher Antwort stimmst du zu? Setze „X".*

❑ A Pluto ist aus seiner Umlaufbahn um die Sonne ins Weltall ausgebrochen.

❑ B Pluto zieht noch seine Bahn, wird aber wegen seiner geringen Masse nicht mehr als Planet anerkannt.

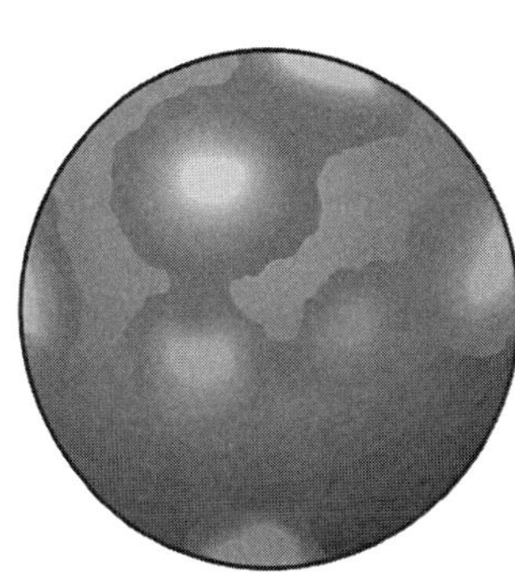

KOHL VERLAG Lernwerkstatt PLANETEN & STERNE Vom Sonnensystem bis ins weite Universum – Bestell-Nr. 11 935

13. Pluto und die anderen kosmischen Zwerge

Im August 2006 wurde Pluto, welcher bis dahin als neunter Planet unseres Sonnensystems galt, der Planetentitel von der Internationalen Astronomischen Union (IAU) aberkannt. Pluto wurde zum Zwergplanet erklärt, da er nicht die Bedingungen erfüllte, welche die Astronomen an einen Planeten stellten. Welche Voraussetzungen sind das und wie werden die anderen kosmischen Objekte definiert?

- **Planeten**
  sind Objekte, die sich auf einer Bahn um die Sonne befinden, über eine ausreichende Masse verfügen, um durch ihre Schwere eine annähernd runde Form zu bilden, die Umgebungen ihrer Bahnen bereinigt haben und selbst keine Sterne sind.
- **Zwergplaneten**
  sind Objekte, die sich auf einer Bahn um die Sonne befinden, über eine ausreichende Masse verfügen, um durch ihre Schwerkraft eine annähernd runde Form zu bilden, die Umgebungen ihrer Bahnen nicht bereinigt haben und keine Satelliten (Monde) sind. Zwergplaneten, die auf Umlaufbahnen außerhalb der Neptunbahn um die Sonne kreisen, werden als Plutoiden bezeichnet.
  Zu den Plutoiden gehören der Namensgeber Pluto, Eris, Makemake, Haumea. Zu den weiteren Kandidaten, von denen jedoch noch nicht alle Daten bekannt sind, zählen Varuna, Quaoar, Sedna und Orcus.
- **Kleinkörper**
  sind Objekte, die sich auf einer Bahn um die Sonne befinden, über keine ausreichende Masse verfügen, um durch ihre Schwerkraft eine annähernd runde Form zu bilden, die Umgebungen ihrer Bahnen nicht bereinigt haben und keine Satelliten sind. Hierzu gehören die unregelmäßig geformten Asteroiden und Kometen.
- **Monde (Satelliten)**
  sind natürlich entstandene kosmische Körper, welche Planeten, aber auch Zwergplaneten, Asteroiden und Kometen umkreisen. Während unsere Erde nur einen Mond hat, Venus und Merkur keinen Mond haben, besitzt zum Beispiel Jupiter 67 Monde.

Aufgabe 1: *Welche Aussagen sind wahr? Setze „X“. Lies dazu auch den Informationstext oben.*

☐ **A** Bisher ist bekannt, dass außer unserem Mond mindestens noch weitere 172 Monde in unserem Sonnensystems existieren.

☐ **B** Wenn man unseren Erdmond mitzählt, gibt es in unserem Sonnensystem insgesamt 68 Monde.

☐ **C** Der Planet Venus hat ebenso wie die Erde nur einen Mond, der allerdings kleiner als „unser Mond“ und deshalb auch mit einem Fernrohr schlecht sichtbar ist.

Lernwerkstatt PLANETEN & STERNE
Vom Sonnensystem bis ins weite Universum – Bestell-Nr. 11 935

13. Pluto und die anderen kosmischen Zwerge

EA

Aufgabe 2: *Ordne die Bilder der kosmischen Zwerge den entsprechenden Textbausteinen zu. Schneide dazu die Bilder auf der Seite aus und klebe sie passend ein.*

1 **Kometen** sind kleine Himmelskörper, die in den sonnennahen Teilen ihrer Bahn durch Ausgasen die Koma erzeugen und meist auch durch einen leuchtenden Schweif auffallen.	
2 Die kleinen **Zwergplaneten** wie Pluto sind ebenso rund wie ihre großen Planetengeschwister. Es fehlt ihnen aber an Masse und Kraft, um damit ihre Bahn um die Sonne frei zu räumen.	
3 Als **Asteroiden** bezeichnet man kosmische Gesteinsbrocken, die sich um die Sonne bewegen. Wegen ihrer kleinen Masse reicht ihre Schwerkraft nicht aus, um sie rund zu formen.	
4 **Meteoriten** sind kosmische Steine, welche die Atmosphäre durchdrungen und den Erdboden erreicht haben. Verglühen sie vorher in der Atmosphäre, nehmen wir diese Erscheinungen als **Sternschnuppen** wahr.	

A

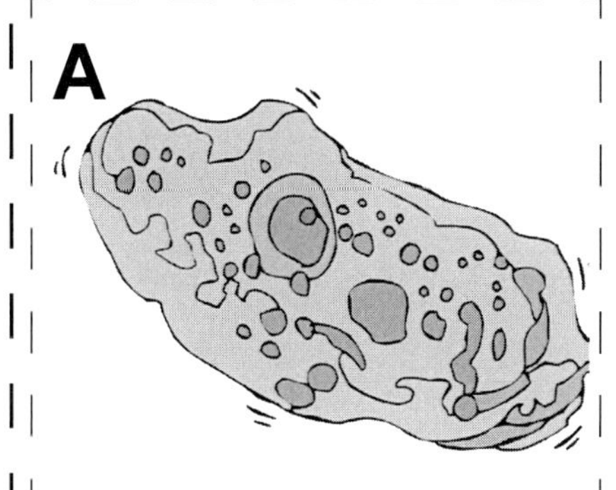

B

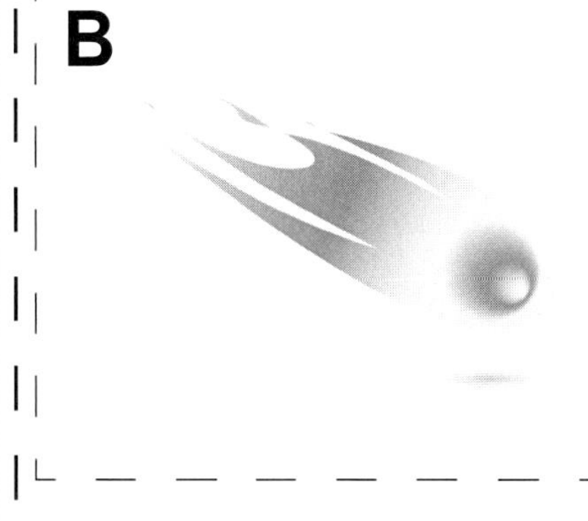

C

D

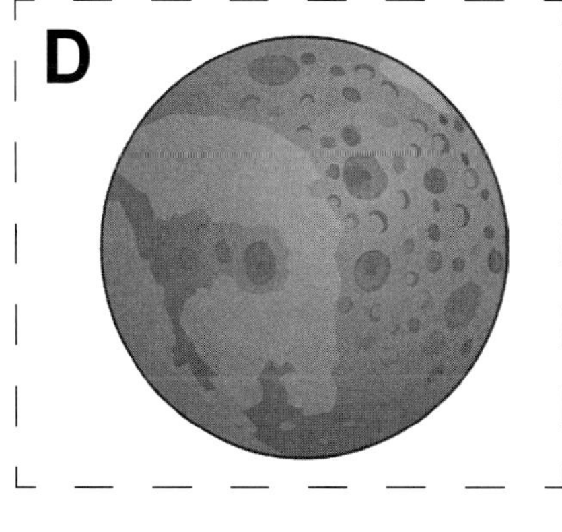

14. Kometen – Glücksboten oder Gefahren aus dem All?

Komet Donati 1858 über Venedig

EA

Aufgabe 1: *Setze passende Wörter aus der Wörterliste in die Lücke ein, sodass ein sinnvoller Text entsteht.*

Kopf – Erde – Kriege – Koma – Zusammenstoß – Himmel – Eis – Sonne – Glücksbringer – Schweif – Tod – Kern – Götter

Das Erscheinen von Kometen zählt neben den Finsternissen zu den beeindruckendsten Ereignissen am ______________. Schon in der Frühzeit erregten Kometen großes Interesse, weil sie plötzlich auftauchen und sich völlig anders als andere Himmelskörper verhalten. Seit dem Altertum bis zum Mittelalter wurden sie deshalb häufig als Schicksalsboten oder Zeichen der __________ angesehen. Vorwiegend befürchtete man ___________, Naturkatastrophen, Hungersnöte oder den _______ von Herrschern, wenn sich ein Komet am Himmel zeigte. Auf Neujahrs- und Weihnachtskarten sind Kometen symbolisch als ________________________ dargestellt. Was hat es mit den Kometen nun wirklich auf sich? Ernüchternd betrachtet handelt es sich um Überreste der Entstehung des Sonnensystems, welche aus ________, Staub und lockerem Gestein bestehen. Sie bildeten sich in den äußeren, kalten Bereichen des Sonnensystems. In Sonnennähe ist der meist nur wenige Kilometer große Kometenkern von einer nebeligen Hülle umgeben, die __________ genannt wird und eine Ausdehnung von 2 bis 3 Millionen km erreichen kann. __________ und Koma zusammen nennt man auch den __________ des Kometen. Das auffälligste Kennzeichen der von der Erde aus sichtbaren Kometen ist jedoch der ___________. Er bildet sich erst, wenn der Komet höchstens doppelt so weit von der __________ entfernt ist, das heißt, dass er - in kosmischen Dimensionen betrachtet - der Sonne sehr nah ist. Bei großen und sonnennahen Kometen kann er eine Länge von mehreren 100 Millionen Kilometern erreichen. Da Kometenkerne Durchmesser bis zu 100 Kilometer haben, würde der _________________________ eines Kometen mit der ___________ zu einer weltweiten Katastrophe führen.

KOHL VERLAG Lernwerkstatt PLANETEN & STERNE Vom Sonnensystem bis ins weite Universum – Bestell-Nr. 11 935

14. Kometen – Glücksboten oder Gefahren aus dem All?

EA

Aufgabe 2: *Benenne die Bestandteile eines Kometen.*

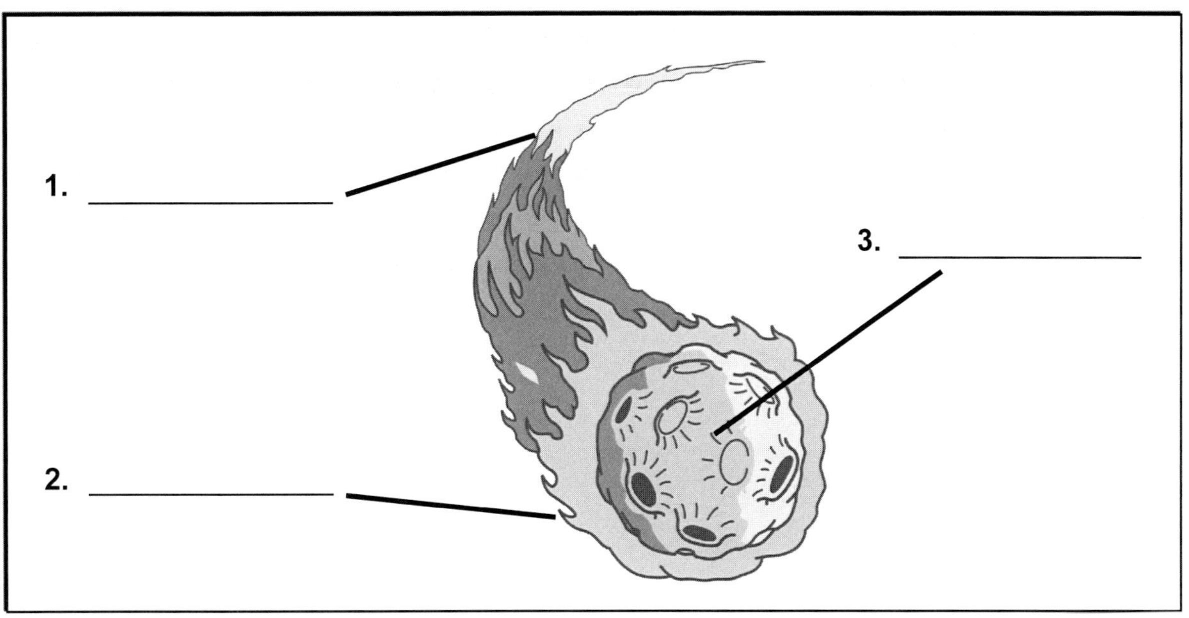

EA

Aufgabe 3: *Als Stern von Bethlehem wird eine Himmelserscheinung bezeichnet, die nach dem Matthäusevangelium Sterndeuter oder Weise zum Geburtsort Jesu Christi geführt haben soll. Unter welchen Namen ist dieser Stern noch bekannt? Ergänze die fehlenden Buchstaben, um die Antworten zu erhalten.*

D			I		Ö	N			S	S		E			
	E		H			C	H		S			E			
		E		N	-	D	E	R	-	W			S		N

Lernwerkstatt PLANETEN & STERNE Vom Sonnensystem bis ins weite Universum – Bestell-Nr. 11 935

KOHL VERLAG

15. Was die Welt zusammenhält

Das Zentrum unseres Planetensystems ist die Sonne. Jährlich ziehen die Planeten, einem fundamentalen Gesetz der Natur folgend, ihre Bahnen um unser Zentralgestirn. Auch in fernen Galaxien wirkt dieses Gesetz, welches Milliarden Sternen ihren Platz im Weltall zuweist.
Bereits Goethe lässt Faust in seinem Studierzimmer nach Erkenntnis dieser kosmischen Erscheinung drängen.

Aufgabe 1: *Was ist die Ursache dafür, dass die Planeten das Sonnensystem nicht verlassen? Setze „X" bei der richtigen Antwort.*

- ☐ **A** göttliche Macht
- ☐ **B** magnetische Anziehungskraft
- ☐ **C** Gravitationskraft

Aufgabe 2: *Vergleiche die Bewegung der Erde auf ihrer Umlaufbahn mit der Bewegung einer Gondel eines Karussells. Welche entgegengesetzt gerichteten Kräfte $\vec{F}_1$ und $\vec{F}_2$ wirken jeweils? Skizziere die entsprechenden Kraftpfeile.*

____

____

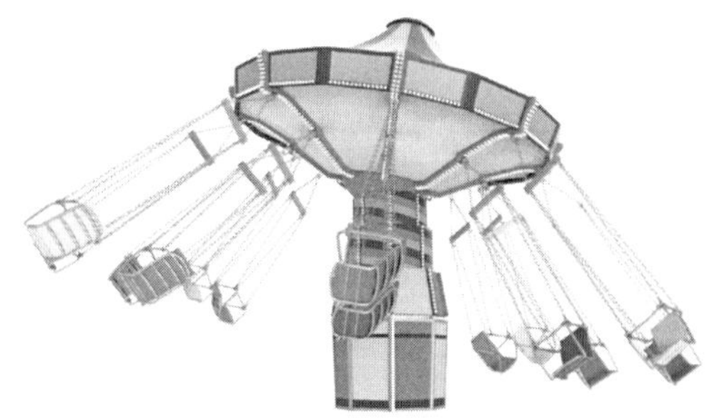

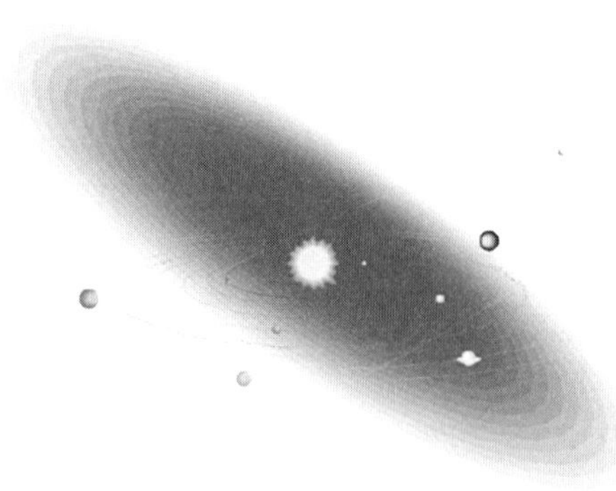

Lernwerkstatt PLANETEN & STERNE Vom Sonnensystem bis ins weite Universum – Bestell-Nr. 11 935
KOHL VERLAG

15. Was die Welt zusammenhält

Isaac Newton entwickelte 1687 im Rahmen der klassischen Mechanik das nach ihm benannte **Gravitationsgesetz**. Damit fand Newton eine allgemeingültige Erklärung für die Schwerkraft auf der Erde, für den Mondumlauf und für die Planetenbewegung um die Sonne.

Das Gesetz besagt:

- Zwischen zwei Körpern K_1 und K_2 mit den Massen m_1 und m_2 kommt es auf Grund ihrer Massen zu einer Wechselwirkung – der Gravitation. Dabei übt der Körper K_1 die Kraft $\vec{F}_{1;2}$ auf den Körper K_2 aus; der Körper K_2 übt die Kraft $\vec{F}_{2;1}$ auf den Körper K_1 aus.
- Der Betrag dieser Kräfte wird als Gravitationskraft F bezeichnet. Die Gravitationskraft ist proportional zu den Massen m_1 und m_2 und umgekehrt zum Abstand der Massenmittelpunkte.
- Der Proportionalitätsfaktor γ heißt Gravitationskonstante und hat den Wert $\gamma = 6{,}673 \cdot 10^{-11}\ m^3\ kg^{-1} \cdot s^{-2}$.

$$F = \gamma \cdot \frac{m_1 \cdot m_2}{r^2}$$

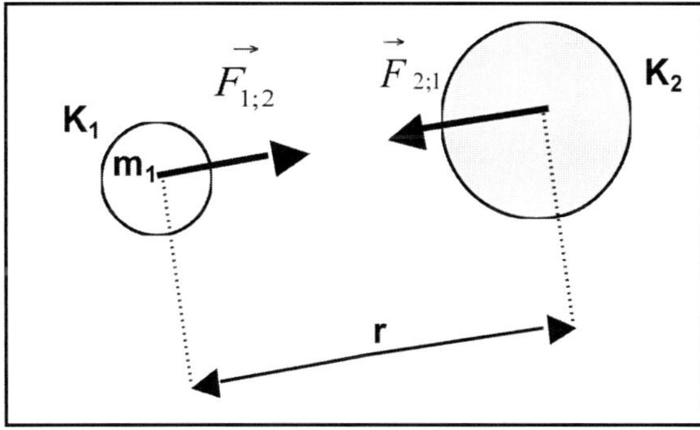

EA

Aufgabe 3: *Was besagt das Newtonsche Wechselwirkungsgesetz?*

____

____

EA

Aufgabe 4: *Welche Aussagen sind wahr? Setze „X".*

- ❑ **A** Die Gravitationskonstante γ nimmt an allen Orten des Weltalls den gleichen Wert an.
- ❑ **B** Die Gravitationskonstante γ ist vom Ort abhängig.
- ❑ **C** Gravitationskräfte wirken ausschließlich zwischen Körpern großer Masse.
- ❑ **D** Masse verursacht unabhängig von ihrer Größe stets Gravitation.
- ❑ **E** Wenn sich der Abstand der Massenmittelpunkte zweier Massen verdoppelt, verdoppelt sich auch die Gravitationskraft.
- ❑ **F** Wenn sich der Abstand der Massenmittelpunkte zweier Massen verdoppelt, wird die Gravitationskraft nur noch ein Viertel so groß.

Lernwerkstatt PLANETEN & STERNE Vom Sonnensystem bis ins weite Universum – Bestell-Nr. 11 935
KOHL VERLAG

16. Poesie des Mondes

Abendlied

1. Der Mond ist aufgegangen,
Die goldnen Sternlein prangen
Am Himmel hell und klar;
Der Wald steht schwarz und schweiget,
Und aus den Wiesen steiget
Der weiße Nebel wunderbar.

2. Wie ist die Welt so stille,
Und in der Dämmrung Hülle
So traulich und so hold!
Als eine stille Kammer,
Wo ihr des Tages Jammer
Verschlafen und vergessen sollt.

3. Seht ihr den Mond dort stehen?
Er ist nur halb zu sehen,
Und ist doch rund und schön!
So sind wohl manche Sachen,
Die wir getrost belachen,
Weil unsre Augen sie nicht sehn.

...

(1. bis 3. von 7 Strophen)

„Der Mond ist aufgegangen", Illustration von Ludwig (1856)

Gedicht von Matthias Claudius (1740 –1815), mehrfach vertont, Volkslied

EA

<u>Aufgabe 1</u>: *Welche Geschichten, Lieder oder Gedichte vom Mond kennst du? Stelle sie im Unterricht auch deinen Mitschülern vor.*

EA

<u>Aufgabe 2</u>: *Matthias Claudius beschreibt in seinem Abendlied den Mond voller Poesie. In der dritten Strophe versteckt er geschickt ein naturwissenschaftliches Phänomen, welches uns der Mond monatlich am Himmel vorführt.*

a) *Um welche Erscheinung handelt es sich?*

____

b) *Was will uns der Dichter mit dem letzten Satz der dritten Strophe noch zu denken geben? Diskutiere die Antwort mit deinen Mitschülern.*

17. Mondpuzzle

EA

Aufgabe 1: *Es ist beeindruckend, bei wolkenlosem Himmel am Abend den Sternenhimmel zu betrachten, besonders dann, wenn der Vollmond die Nacht erhellt. Schneide die Puzzlebausteine aus und setze sie passend zu einem Bild zusammen.*

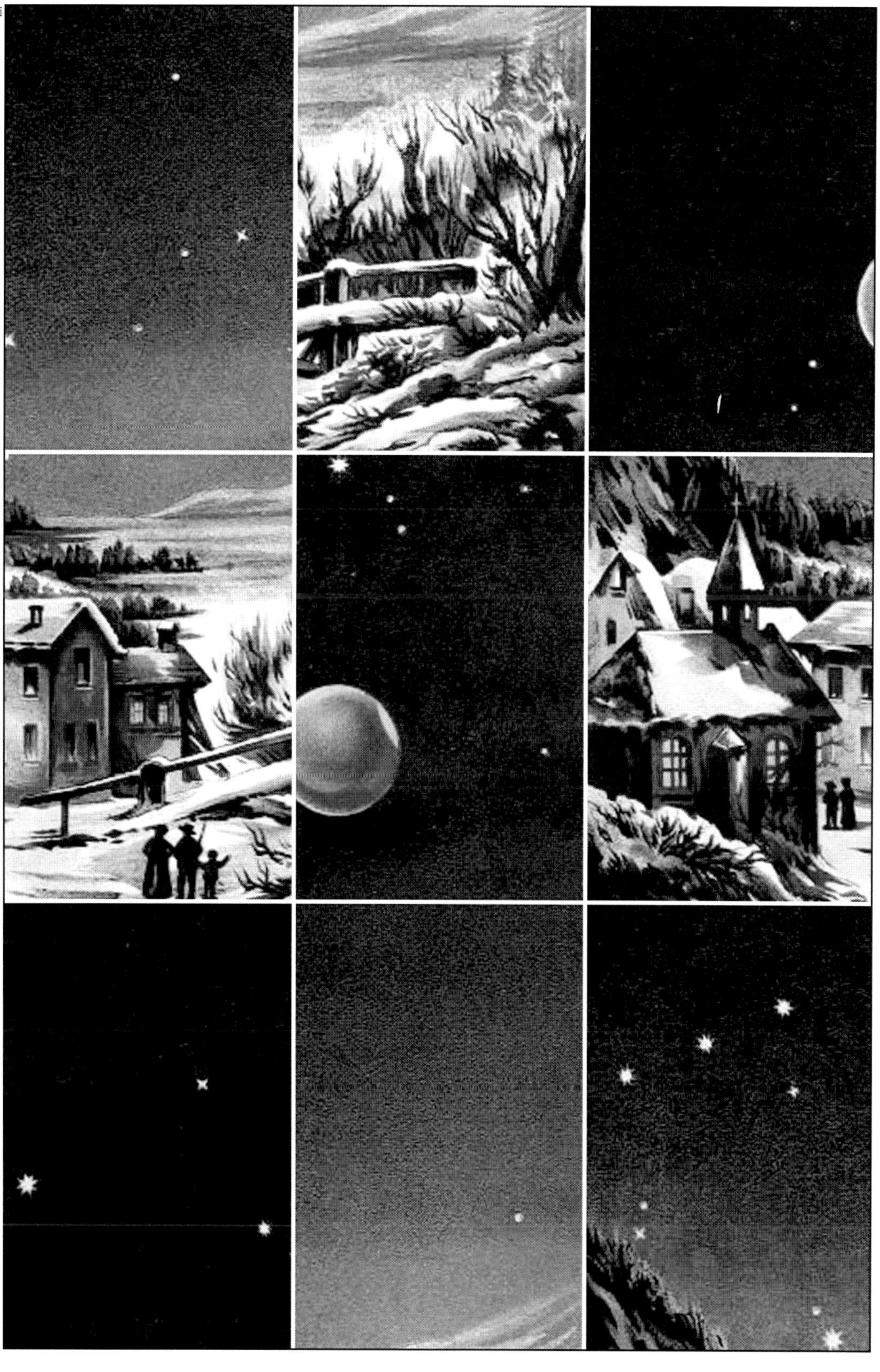

18. Der Mond im Spiel von Licht und Dunkelheit

Wenn die Sonne – unsere größte natürliche Lichtquelle – am Abend hinter dem Horizont untergetaucht ist und uns der Dunkelheit überlässt, erhellt bei wolkenlosem Himmel der Vollmond die Nacht, sodass wir uns auch ohne Straßenlaternen im Freien orientieren können. Während die Sonne, die mit einem riesigen kosmischen Feuer vergleichbar ist, selber leuchtet, kann man den Mond nur deshalb sehen, weil er das Licht der Sonne reflektiert. Für die Sichtbarkeit des Mondes spielt aber auch seine Stellung zur Sonne eine Rolle, welche sich während seines monatlichen Umlaufs um die Erde ändert. Auch durch kosmische Schatten verursachte Finsternisse können die Sichtbarkeit des Mondes beeinflussen.

EA

Aufgabe 1: *Welche Ursachen kann es haben, wenn sich der Mond teilweise oder vollständig versteckt? Ergänze die fehlenden Buchstaben in den Lösungswörtern, sodass sinnvolle Aussagen entstehen.*

- Weder Götter noch M __ __ IE verdunkeln den Mond.
- Die Sicht zum Mond wird mitunter durch eine dicke __ __ LK __ __ D __ C K __ verhindert.
- Der Mond wendet der Erde bei „N __ __ M __ __ D" seine unbeleuchtete Seite zu, woraus folgt, dass er nicht sichtbar ist. Dieses Ereignis wiederholt sich monatlich.
- Ein riesiges __ L __ __ O B J __ K T kann den Mond nur kurzzeitig und nicht vollständig verdunkeln.
- Bei einer M __ __ D F __ __ S T __ R N __ __ wird der Mond total oder teilweise durch den Schatten der Erde verdunkelt.

EA

Aufgabe 2: *Zu welchem Zeitpunkt wird die nächste Mondfinsternis von deinem Heimatort aus zu beobachten sein? Suche mit Hilfe deiner Eltern in einem Sternkalender oder im Internet nach einer Auskunft! Notiere den Termin hier und am Kalender zu Hause.*

____

____

____

____

Lernwerkstatt PLANETEN & STERNE
Vom Sonnensystem bis ins weite Universum – Bestell-Nr. 11 935
KOHL VERLAG

19. Die Lichtgestalten des Mondes

EA

Aufgabe 1: *In welchen Gestalten zeigt sich uns der Mond?*

Nenne drei Beispiele. Schreibe Wörter und male zu jeder Antwort ein Bild.

EA

Aufgabe 2: *Teste dein Wissen über die Lichtgestalten des Mondes! Welche der folgenden Aussagen sind wahr? Setze „X".*

- ❑ **A** Der Mond sendet selber kein Licht aus, sondern reflektiert das Licht der Sonne.
- ❑ **B** „Abnehmender Mond" bedeutet, dass sich die Masse des Mondes verringert.
- ❑ **C** Von „Neumond" spricht man zu Monatsanfang.
- ❑ **D** Bei „Neumond" ist der Mond deshalb nicht zu sehen, weil sich eine dicke Wolke vor den Mond geschoben hat.
- ❑ **E** Der unsichtbare Mond bei „Neumond" wird durch eine Mondfinsternis verursacht.
- ❑ **F** Wir sehen den Mond bei „Neumond" deshalb nicht, weil seine erdabgewandte Seite von der Sonne beleuchtet wird.
- ❑ **G** Bei Vollmond wird die der Erde zugewandte Seite des Mondes von der Sonne angestrahlt.
- ❑ **H** Eine Mondsichel entsteht, weil der Mond durch kosmische Kräfte verformt wird.
- ❑ **I** Wenn sich uns der Mond als Mondsichel zeigt, wird nur dieser Teil des Mondes von der Sonne angestrahlt.

EA

Aufgabe 3: *Elise und Paul haben eine Mondsichel gemalt. Wer hat die Mondsichel richtig dargestellt? Kreuze das Richtige an.*

Elise ☐

Paul

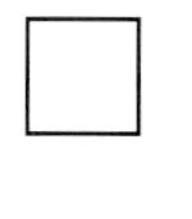

KOHL VERLAG Lernwerkstatt PLANETEN & STERNE Vom Sonnensystem bis ins weite Universum – Bestell-Nr. 11 935

20. Beobachte den Mond

1. Beobachtungsauftrag

Beobachte die Gestalt des Mondes nach Einsetzen der Dämmerung an jedem Abend eines Monats, den wir mit 31 Tagen annehmen. Notiere das Beobachtungsdatum und male in den vorgegebenen Schablonen den jeweils sichtbaren Teil des Mondes mit gelber Farbe aus! Klebe ein dickes Wolkensymbol, welches du unten ausschneiden kannst, in das entsprechende Feld über den Mond, wenn du den Mond nicht sehen kannst, weil er sich hinter einer dicken Wolkendecke versteckt!

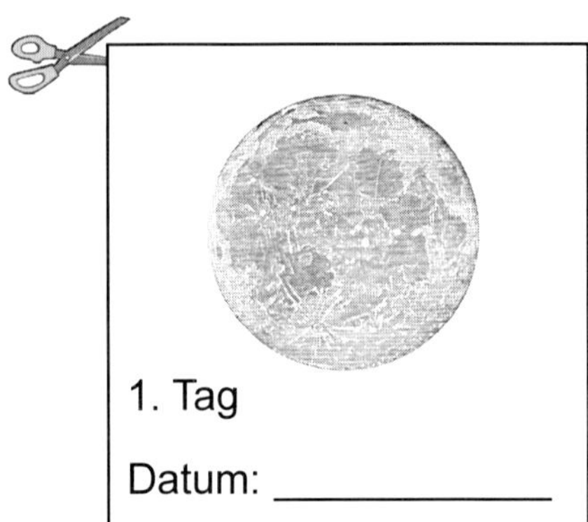

1. Tag

Datum: ____________

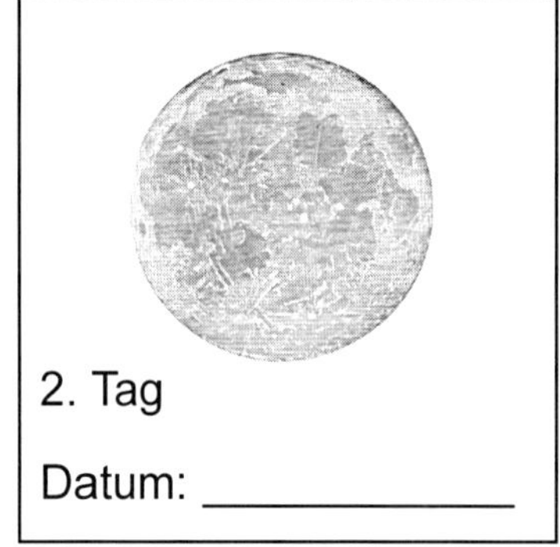

2. Tag

Datum: ____________

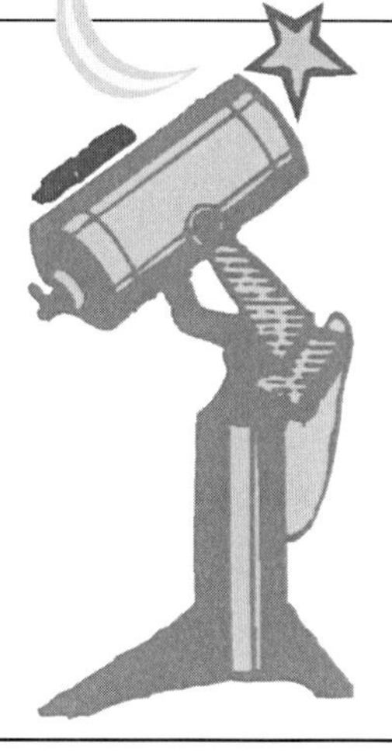

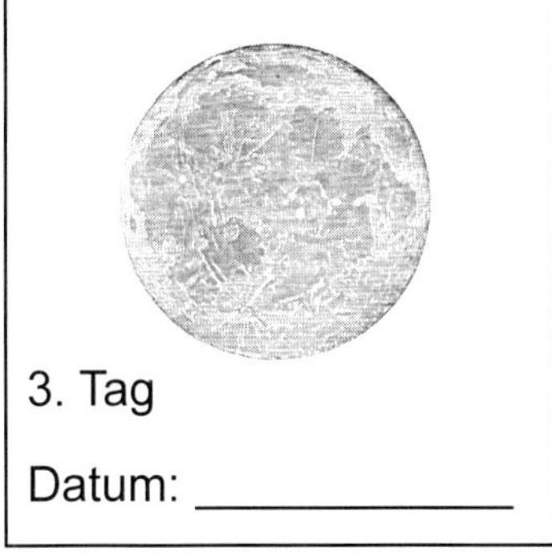

3. Tag

Datum: ____________

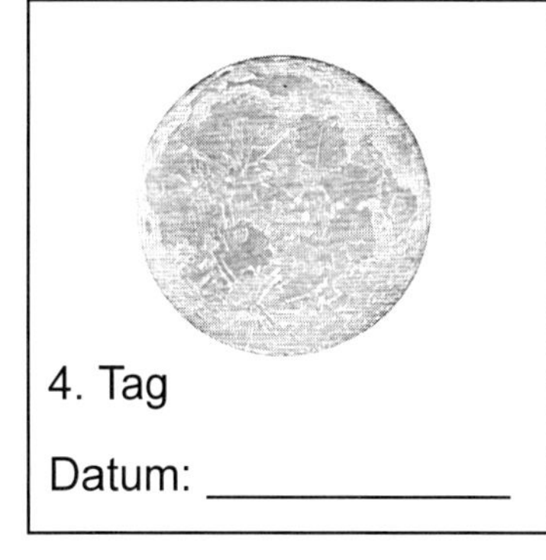

4. Tag

Datum: ____________

5. Tag

Datum: ____________

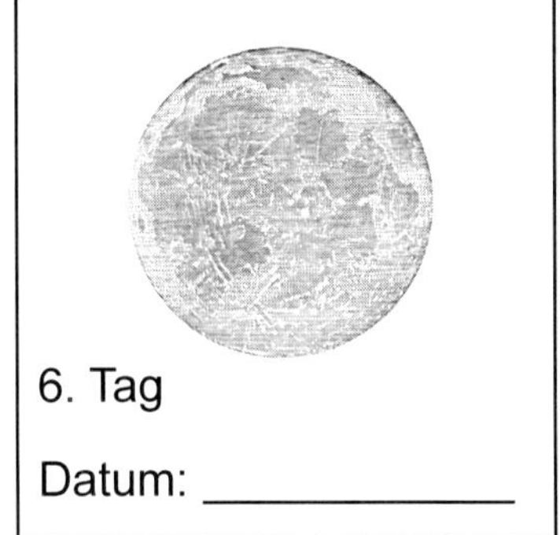

6. Tag

Datum: ____________

7. Tag

Datum: ____________

8. Tag

Datum: ____________

Lernwerkstatt PLANETEN & STERNE
Vom Sonnensystem bis ins weite Universum – Bestell-Nr. 11 935
KOHL VERLAG

20. Beobachte den Mond

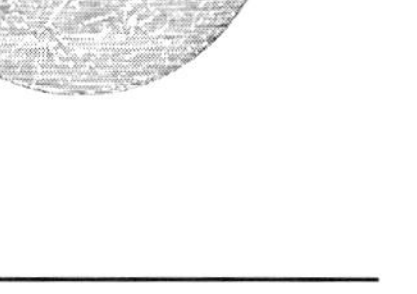

9. Tag

Datum: ______________

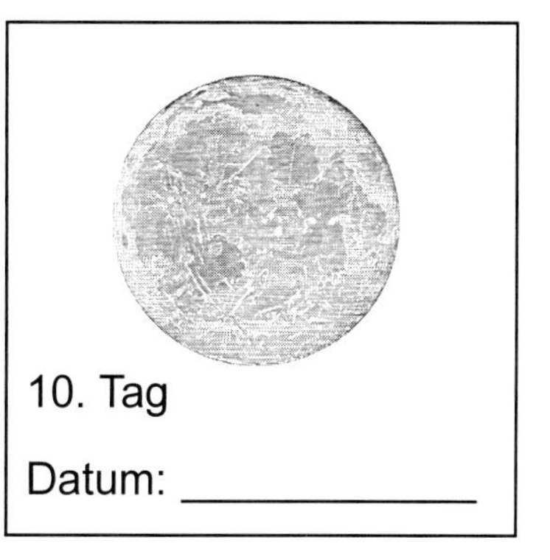

10. Tag

Datum: ______________

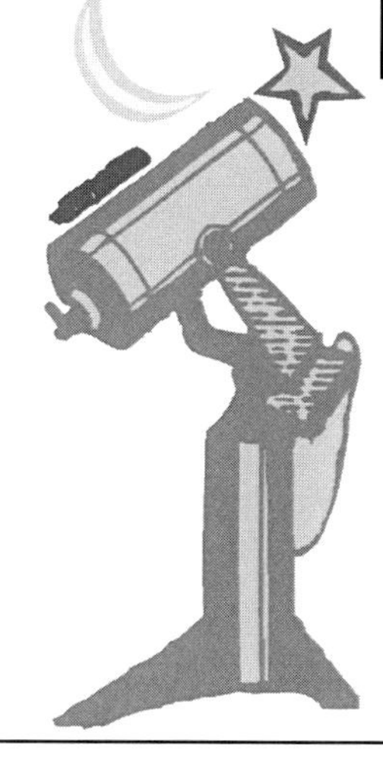

11. Tag

Datum: ______________

12. Tag

Datum: ______________

13. Tag

Datum: ______________

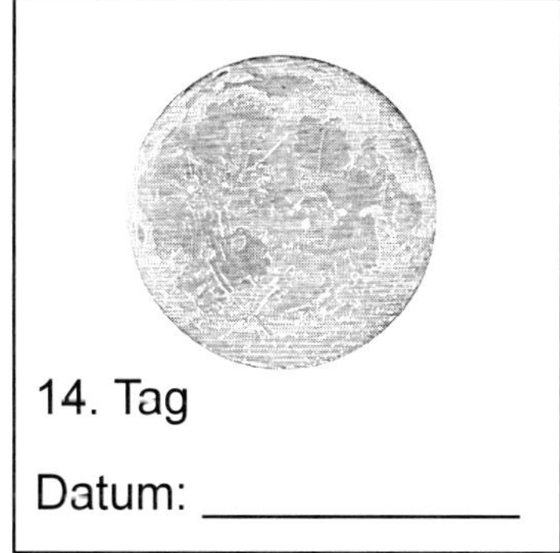

14. Tag

Datum: ______________

15. Tag

Datum: ______________

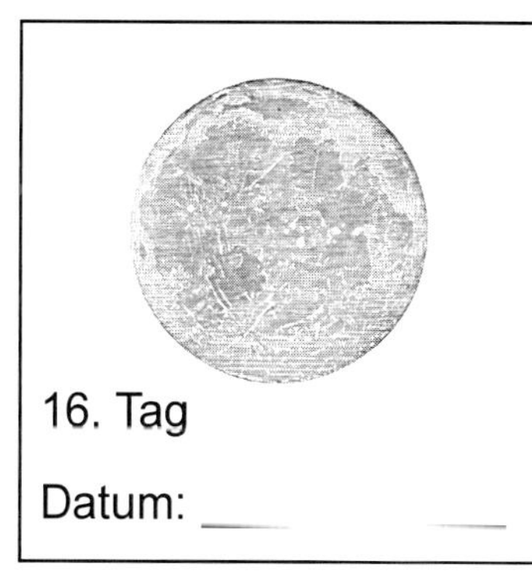

16. Tag

Datum: ______________

17. Tag

Datum: ______________

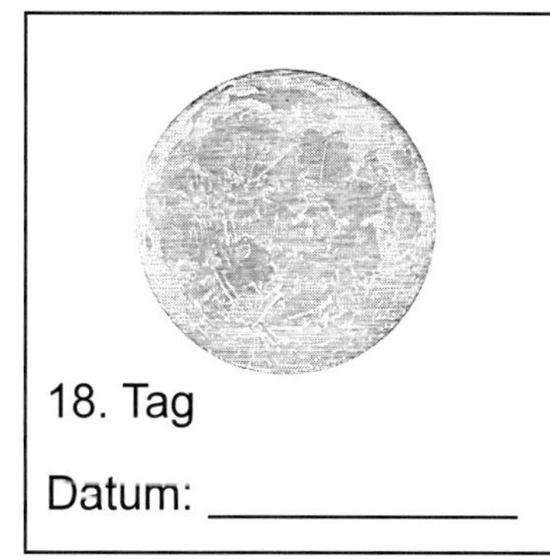

18. Tag

Datum: ______________

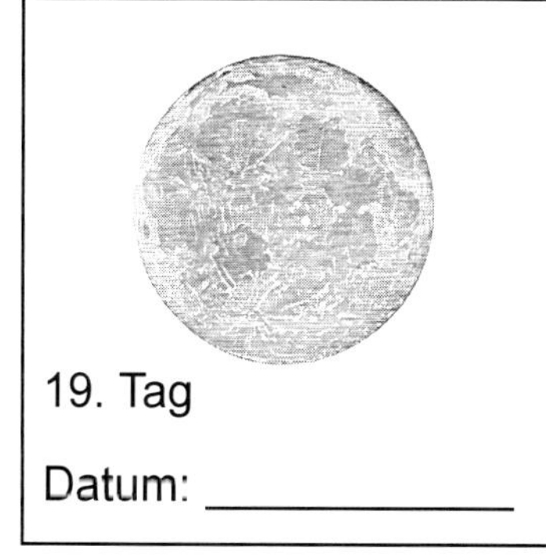

19. Tag

Datum: ______________

20. Beobachte den Mond

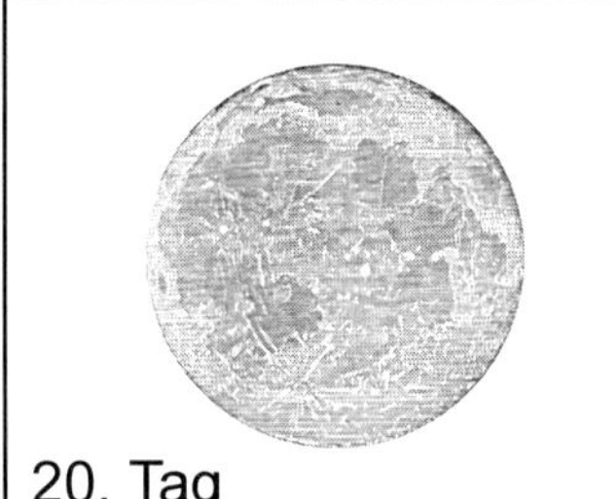

20. Tag

Datum: ____________

21. Tag

Datum: ____________

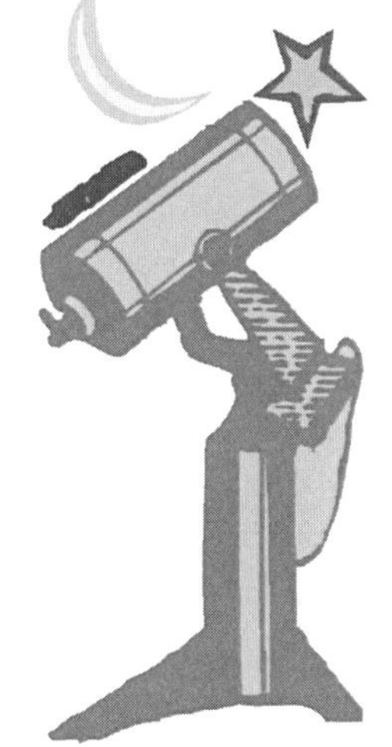

22. Tag

Datum: ____________

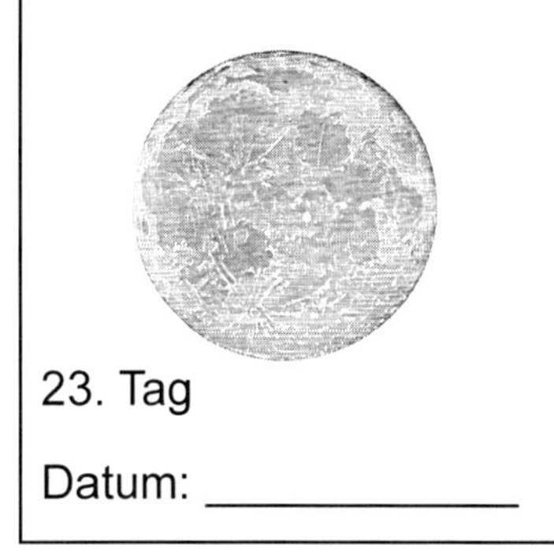

23. Tag

Datum: ____________

24. Tag

Datum: ____________

25. Tag

Datum: ____________

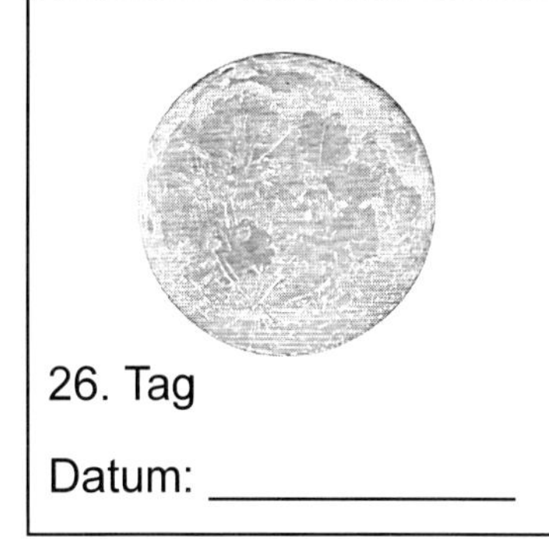

26. Tag

Datum: ____________

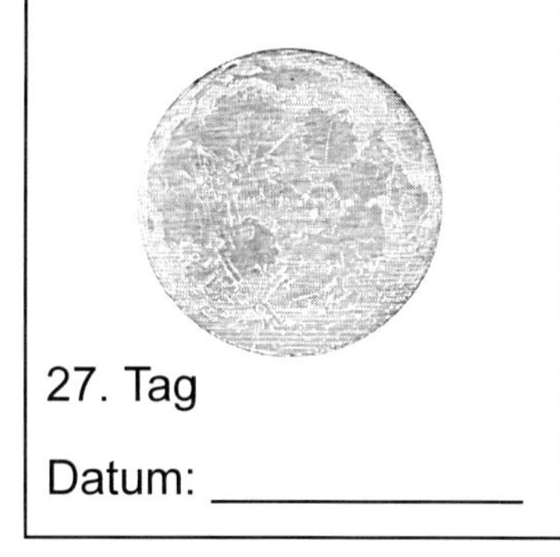

27. Tag

Datum: ____________

28. Tag

Datum: ____________

29. Tag

Datum: ____________

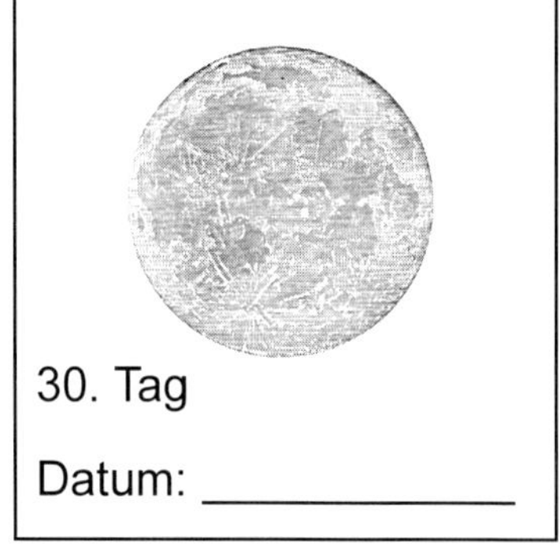

30. Tag

Datum: ____________

21. Lichtgestalten sind Bewegungsgestalten

EA

Aufgabe 1: *Vergleiche in deinen Aufzeichnungen auf den Seiten 40 bis 42 die Lichtgestalten des Mondes vom 29. bis 31. Beobachtungstag mit den Lichtgestalten vom 1. bis 3. Beobachtungstag. Was folgt daraus für die Dauer des Mondumlaufs um die Erde?*

____

____

____

____

EA

Aufgabe 2: *Male in der Grafik den von der Sonne beleuchteten Teil des Mondes mit gelber Farbe aus und den unbeleuchteten Teil schwarz.*

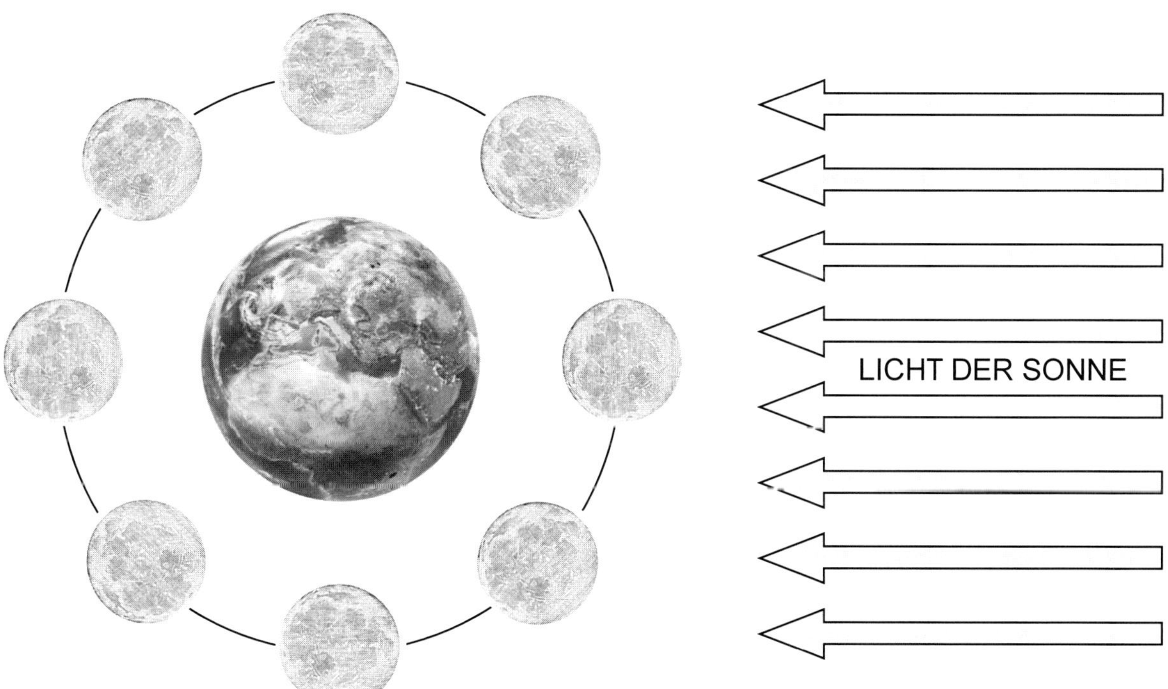

Das Erde-Mond-System von Kosmos (Norden) aus gesehen

Wie lange dauert ein Monat?

- Ein Monat ist eine Zeiteinheit und beschreibt im Kalender einen Teil des Jahres.
- Im Kalender sind die Monate 28, 29, 30 oder 31 Tage lang. Das hat etwas mit der komplizierten Berechnung eines Kalenders zu tun.
- Im astronomischen Sinne wird der Monat als die Zeitspanne eines vollständigen Umlaufs von unserem Erdtrabanten, dem Mond, definiert. Der Mondmonat dauert 29 bis 30 Tage.

Lernwerkstatt PLANETEN & STERNE Vom Sonnensystem bis ins weite Universum – Bestell-Nr. 11 935
KOHL VERLAG

22. Steckbrief Mond – Informationen und Fragen

1. Sichtbarkeit

Das Erde-Mond-System von Norden gesehen …

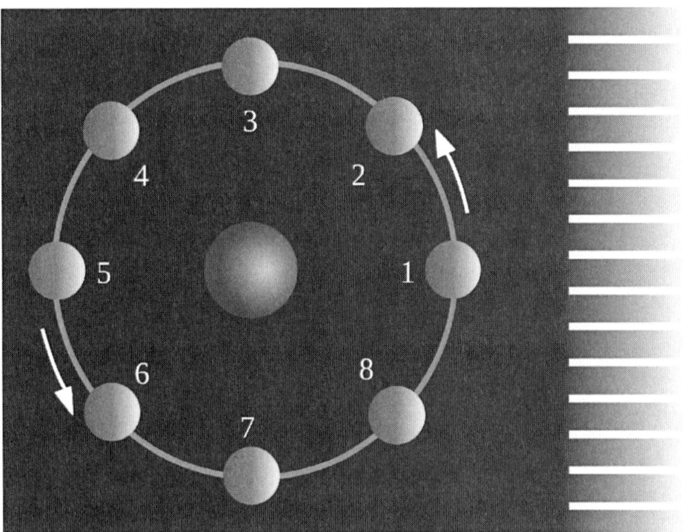

1. **Neumond**
2. erstes Viertel - **Sichel**
3. zunehmender **Halbmond** (astronomisch: erstes Viertel)
4. zweites Viertel
5. **Vollmond**
6. drittes Viertel
7. abnehmender **Halbmond** (astronomisch: drittes oder letztes Viertel)
8. drittes Viertel - **Sichel**

… und der Mond aus Sicht des Nordens der Erde

- Die in der Astronomie übliche Zählung beginnt zu Neumond
- Die Dauer eines Mondumlaufs um die Erde beträgt je nach Festlegung zwischen 27⅓ und 29½ Tage
- Der Mond umrundet die Erde monatlich im Abstand von etwa 384.400 km und ist unser nächster kosmischer Nachbar.

2. Physikalische Eigenschaften des Mondes

- Größe des Mondes:
  Der mittlere Monddurchmesser beträgt 3.476 km.
  (zum Vergleich mittlerer Erddurchmesser 12.734 km; Erddurchmesser knapp viermal so groß wie Monddurchmesser)
- Die Masse des Mondes beträgt 7.349 · 10^{16} t
  (zum Vergleich Masse der Erde 5.974 · 10^{18} t; Erdmasse etwa 81 mal so groß wie Mondmasse)

Größenvergleich zwischen Erde und Mond (Fotomontage mit maßstabsgerechten Größen, kein maßstabsgerechter Abstand von Erde und Mond).

Lernwerkstatt PLANETEN & STERNE
Vom Sonnensystem bis ins weite Universum – Bestell-Nr. 11 935

22. Steckbrief Mond – Informationen und Fragen

- Der Mond hat keine mit der Erde vergleichbare Atmosphäre; er besitzt nur eine sehr dünne Gashülle. Auf dem Mond gibt es keine Luft.
- Die Temperatur erreicht am Tag etwa 130°C und fällt in der Nacht bis auf etwa -160°C ab.
- Im Wesentlichen gibt es auf dem Mond kein Wasser. (Im Jahr 2008 wurden in Apollo-Proben winzige Spuren in vulkanischem Material entdeckt.)
- Die Oberfläche ist nahezu vollständig von einer trockenen, aschgrauen Staubschicht bedeckt. Hochländer, Becken und Krater kennzeichnen das Profil der Mondoberfläche.

Aufgabe 1: *Was möchtest du noch über den Mond wissen? Notiere deine Fragen.*

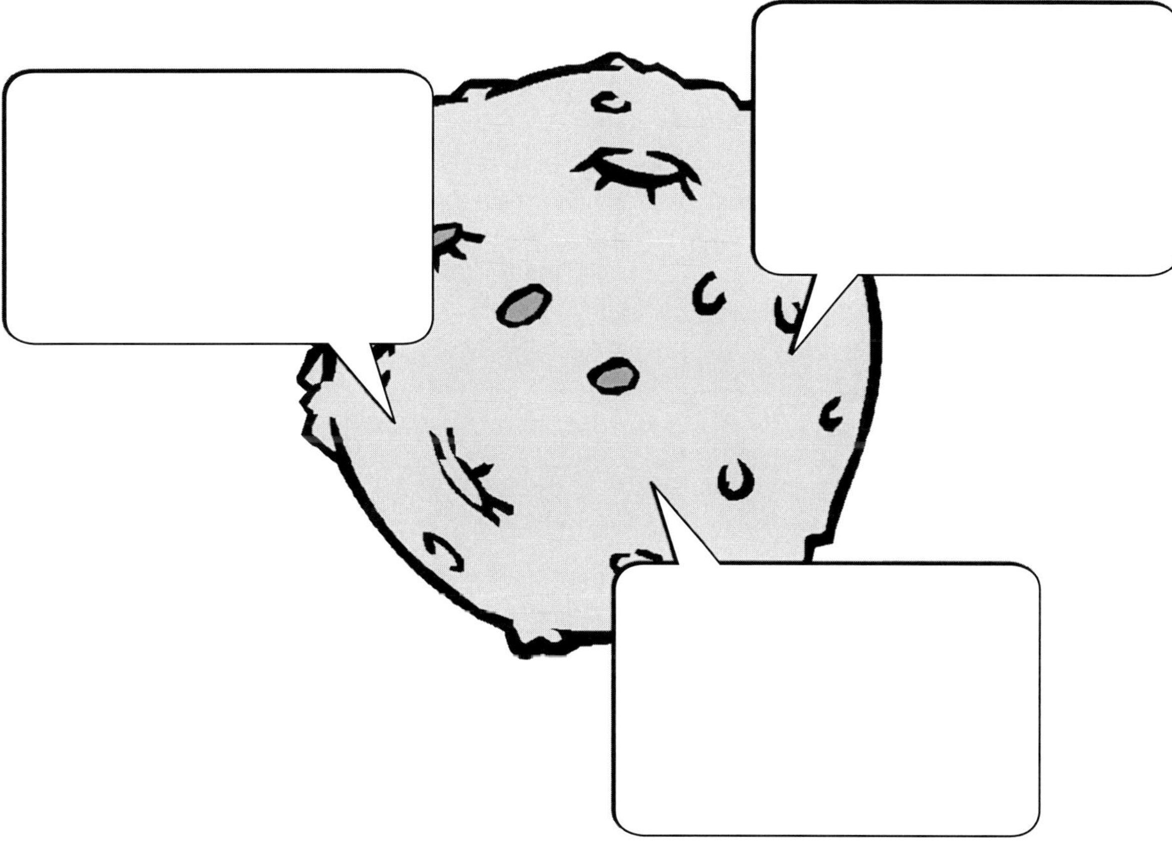

Aufgabe 2: *Was weißt du über Mondkrater? Ergänze. Informiere dich auch im Internet.*

- Erstmalig wurden die Mondkrater vermutlich im Jahre _______ von __________________________ entdeckt.
- Die Erfindung _____________________________ war Voraussetzung für diese Entdeckung.
- Mondkrater sind durch ________________________ _________________________________ entstanden.

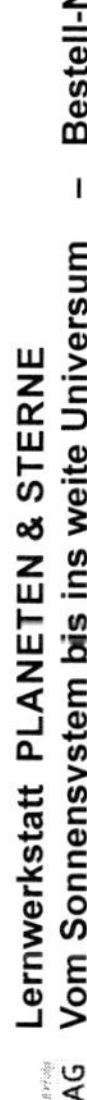

22. Steckbrief Mond – Informationen und Fragen

Der Mond (lateinisch luna) ist der einzige natürliche Satellit (Begleiter) der Erde. Weil aber auch die Trabanten anderer Planeten des Sonnensystems als Monde bezeichnet werden, spricht man zur Vermeidung von Verwechslungen oft vom Erdmond. Der Mond der Erde ist der fünftgrößte Mond im Sonnensystem und nimmt größenmäßig unter allen Objekten im Sonnensystem den 14. Rang ein. Da der Mond viel weniger Masse als die Erde hat, ist seine Anziehungskraft viel geringer. Damit ist aber auch die Schwerkraft auf der Mondoberfläche kleiner als bei uns: Sie beträgt nur rund ein Sechstel der Schwerkraft auf dem Erdboden. Wenn jemand hier auf der Erde in dem Raumanzug 90 Kilogramm wiegt, würde er auf dem Mond nur noch 15 Kilo wiegen! Da der Mond keine schützende Atmosphäre hat, ist er dem ständigen Beschuss durch Meteoriten ausgesetzt. Tausende Einschlagkrater auf seiner Oberfläche zeugen davon. Auf der Rückseite des Mondes gibt es davon übrigens sehr viel mehr und größere als auf der erdzugewandten Mondseite. Wenn man den Mond ganz genau beobachtet, sieht man darauf oft viele dunklere Stellen. Die wecken bei manchen Beobachtern Assoziationen an ein menschliches Gesicht. In Wirklichkeit besteht das typische Mondgesicht aus riesigen Tiefebenen, die extrem flach sind: die Maria. Es sind gigantische Einschlagkrater aus der Frühzeit des Mondes, die mit flüssigem Magma gefüllt wurden und dadurch ganz plan sind.

EA

Aufgabe 3: *Wahr oder falsch? Kreuze an.*
Korrigiere die falschen Aussagen in dein Heft.

	richtig	falsch
a) Nur die Erde hat einen natürlichen Satelliten – den Mond		
b) Die Schwerkraft auf dem Mond ist genauso groß wie auf der Erde.		
c) Der Mond wird oft durch Meteoriten beschossen. Das passiert, weil er keine Schutzatmosphäre hat.		
d) Die Mondkrater sind durch die Einschläge von Meteoriten entstanden.		
e) Die riesigen mit Magma gefüllten Tiefebenen heißen „Maria“.		

Lernwerkstatt PLANETEN & STERNE
Vom Sonnensystem bis ins weite Universum – Bestell-Nr. 11 935

23. Der Flug zum Mond – Menschheitstraum und Utopie

Die Sehnsucht der Menschen, zum Mond zu fliegen, ist uralt. Im Jahr 1865 wurde erstmals Jules Vernes utopischer Roman „Von der Erde zum Mond“ verlegt.
Viele Einzelheiten der realen Mondfahrt hat Jules Verne etwa ein Jahrhundert vor der ersten erfolgreichen Landung einer bemannten Raumfähre auf dem Mond vorausgesagt, wenn auch die Mondfahrer in seiner wissenschaftlichen Fiktion die „Columbiade“ – eine riesige Kanone – als Antrieb zum Start in den Weltraum verwendeten.

... Der Mond stieg am Horizont empor, begrüßt von etlichen Millionen Hurrah's. Er fand sich pünktlich auf seinem Platz ein. Das Geschrei drang bis zum Himmel empor; auf allen Seiten Händeklatschen, während die blonde Phöbe friedlich in bewunderungswürdigem Schein erglänzte und die berauschte Menge mit liebevollen Strahlen entzückte. In diesem Moment erschienen die drei unerschrockenen Reisenden.

Bei ihrem Anblick immer lauteres Zurufen. Urplötzlich, einmütig erschallte der Nationalgesang aus beklommener Brust, und das Yankee doodle drang im Chor aus fünf Millionen Kehlen gleich rauschendem Sturmwind bis zum Ende des Luftmeers hinan....

... Es schlug zehn, und nun ward es Zeit in dem Projectil Platz zu nehmen. Das zum Hinabsteigen erforderliche Verfahren, das feste Zuschrauben des Verschlusses, das Hinwegschaffen der Krahnen und Gerüste über der Mündung der Columbiade kostete eine gewisse Zeit... Nicholl, Barbicane und Michel Ardan waren in ihrem metallenen Waggon unabänderlich verschlossen. Die allgemeine Bewegung der Gemüter auf ihrem Höhepunkt zu schildern, ist unmöglich...

... Der Mond stieg in reinster Klarheit am Firmament empor, die funkelnden Sterne seiner Umgebung überstrahlend; bereits über das Zwillingsgestirn hinaus befand er sich eben am Horizont auf halber Bahn bis zum Zenith. Jeder begriff also leicht, dass man den Zielpunkt voran visierte, wie der Jäger den Hasen, welchen er treffen will, voraus visiert, seine Bewegung berücksichtigend. Eine Stille zum Erschrecken lastete auf der ganzen Szene. Kein Windhauch über der Erde! Kein Atemzug aus der Brust! Die Herzen wagten keinen Pulsschlag. Alle Blicke waren angstvoll auf die klaffende Mündung der Columbiade gerichtet. Murchison's Auge begleitete die Nadel seines Chronometers.

Kaum noch vierzig Sekunden hatten zu verfließen, und jede dauerte eine Ewigkeit. Bei der zwanzigsten entstand ein allgemeines Schaudern, es fiel der Menge ein, dass die eingeschlossenen Reisenden ebenso die erschrecklichen Sekunden zählen!

Man vernahm einzelne Rufe: »Fünfunddreißig! – Sechsunddreißig! – Siebenunddreißig! – Achtunddreißig! – Neununddreißig! – Vierzig! Feuer!!!« Sofort drückte Murchison mit dem Finger auf den Unterbrechungsapparat, dass die hergestellte Strömung den elektrischen Funken auf den innersten Grund der Columbiade leitete. Sofort ertönte ein fürchterlicher, unerhörter, donnerartiger Knall, ebenso wie das Blitzen und Krachen beim Ausbruch über alle menschlichen Begriffe hinaus ging. Eine himmelhohe Feuersäule schoss aus dem Boden, wie aus einem Krater empor.

Lernwerkstatt PLANETEN & STERNE
Vom Sonnensystem bis ins weite Universum – Bestell-Nr. 11 935

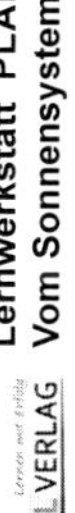

23. Der Flug zum Mond – Menschheitstraum und Utopie

Die Erde erbebte, und kaum einzelne Personen konnten einen Augenblick das Projectil gewahren, wie es inmitten flammender Dünste siegreich in die Lüfte empordrang. Der Feuerstrahl, welcher weißglühend zum Himmel sich erhob, verbreitete sein Licht über ganz Florida, und eine Weile war weit und breit das Land taghell erleuchtet. Das unermessliche sprudelnde Feuer ward hundert Meilen weit auf dem Meere gewahrt, und von manchem Schiffskapitän als riesenhafter Meteor aufgezeichnet.

Ein wahres Erdbeben begleitete die Explosion der Columbiade; Florida ward bis in die innersten Tiefen erschüttert. Das von der Hitze entwickelte Pulvergas drängte mit unvergleichlicher Gewalt die Luftschichten zurück und der künstliche Orcan strich hundertfach stärker als Gewitterstürme gleich einer Trombe durch die Lüfte. Nicht ein einziger Zuschauer konnte sich auf den Beinen halten; Männer, Frauen, Kinder sanken wie die Aehren beim Hagel; es entstand ein entsetzlicher Tumult, unzählige Personen wurden schwer verletzt, und J.T. Maston, der aller Vorsicht zuwider sich allzu weit voran gewagt, ward hundertundzwanzig Fuß weit weg geschleudert, flog wie eine Kugel über die Köpfe seiner Mitbürger. Dreimalhunderttausend Menschen waren momentan von Betäubung getroffen.

Der Luftstrom warf die Baracken um, riss die Hütten nieder, entwurzelte die Bäume in einem Umkreis von zwanzig Meilen, trieb die Eisenbahnzüge bis Tampa, stürzte wie eine Lawine über diese Stadt und zerstörte eine Menge Häuser, unter andern die Marienkirche und das neue Börsengebäude, welches seiner ganzen Länge nach beschädigt ward. Manche Fahrzeuge im Hafen wurden wider einander geworfen und versanken und ein Dutzend Schiffe wurden von der Rede an die Küste getrieben, nachdem ihre Ketten wie Baumwollenfäden zerrissen... Aber eine unvorausgesehene Erscheinung, die jedoch leicht vorauszusehen, obwohl nicht zu verhindern war, stellte die Ungeduld des Publikums auf eine harte Probe... Am folgenden Tag war bei Sonnenaufgang der Horizont mit dichtem Gewölk bedeckt, ein undurchdringlicher Vorhang zwischen Himmel und Erde gezogen... Während dieses ersten Tags suchte Jeder den düstern Wolkenschleier zu durchdringen, aber vergebens, und zudem irrte man auch, indem man seine Blicke zum Himmel richtete, denn in Folge der täglichen Bewegung der Erde befand sich das Projectil notwendig über den Köpfen der Antipoden.

Wie dem auch sei, da die Nacht wieder kam, undurchdringlich finstere Nacht, konnte man, als der Mond am Horizont emporstieg, ihn doch nicht sehen; man konnte meinen, er entziehe absichtlich seinen Anblick den Verwegenen, die nach ihm geschossen. Eine Beobachtung war also nicht möglich, und die Depeschen aus Longs Peak bestätigten den leidigen Unstern... Aber am 11. entluden sich fürchterliche Stürme, wie sie zwischen den Wendekreisen vorkommen. Starke Ostwinde fegten die so lange gehäuften Wolken hinweg, und am Abend stieg das Nachtgestirn mit halb angenagter Scheibe majestätisch zwischen den übrigen Sternen hinan... In derselben Nacht verbreitete sich die so ungeduldig erwartete Nachricht zuckend wie ein Blitzstrahl in allen Staaten der Union, und durchlief über den Ocean springend alle Telegraphendrähte des Erdballs. Das Projectil war durch den Riesenreflektor zu Longs Peak bemerkt worden. Es folge hier die vom Direktor des Observatoriums zu Cambridge gegebene Meldung. Sie enthält den wissenschaftlichen Schluss dieses großen Experiments des Gun-Clubs.

Lernwerkstatt PLANETEN & STERNE Vom Sonnensystem bis ins weite Universum – Bestell-Nr. 11 935

23. Der Flug zum Mond – Menschheitstraum und Utopie

Longs Peak, 12. December.

An die Herren Mitglieder des Bureau des Observatoriums zu Cambridge.

»Das vermittelst der Columbiade zu Stone's-Hill abgeschossene Projectil ist von den Herren Belfast und J.T. Maston am 12. Dezember um acht Uhr siebenundvierzig Minuten Abends wahrgenommen worden, als der Mond eben in sein letztes Viertel trat.«

»Das Projectil ist nicht an seinen Zielpunkt gelangt, sondern neben vorbei, doch ziemlich nahe, sodass es von der Anziehungskraft des Mondes festgehalten wird.«

»Seine Bewegung in gerader Richtung hat sich in eine Kreisbewegung mit reißender Schnelligkeit verwandelt, und es ist in eine elliptische Bahn um den Mond herum fortgerissen worden, sodass es ein wirklicher Trabant desselben ist.«

»Die Elemente dieses neuen Gestirns festzustellen, ist noch nicht möglich gewesen. Man kennt weder die Schnelligkeit seiner Fortbewegung, noch der Bewegung um seine Achse. Seine Entfernung von der Mondoberfläche lässt sich auf etwa zweitausendachthundertdreiunddreißig Meilen anschlagen.«

»Jetzt sind zwei Fälle als möglich anzunehmen, welche eine Änderung im Stand der Dinge herbeiführen.«

»Entweder die Anziehungskraft des Mondes wird überwiegen, und die Reisenden gelangen dann an ihr Ziel.«

»Oder unveränderlich festgehalten wird das Projectil bis zum Ende der Jahrhunderte um die Mondscheibe herum kreisen.«

»Darüber werden die Beobachtungen einmal Auskunft geben, aber bis jetzt hat der Versuch des Gun-Clubs nichts weiter erzielt, als dass unser Sonnensystem mit einem neuen Gestirn ausgestattet worden ist.«

J. Belfast

...Wie viele Fragen wurden durch diese unerwartete Lösung angeregt! Welche geheimnisvolle Lage blieb den Forschungen der Wissenschaft vorbehalten! Dank dem Mut und der Hingebung dreier Männer hatte dieser dem Anschein nach ziemlich unbedeutende Versuch, eine Kugel nach dem Mond zu schleudern, ein unermessliches Ergebnis von unberechenbaren Folgen bekommen. Hatten auch die in dem neuen Trabanten eingeschlossenen Reisenden ihr Ziel nicht erreicht, so gehörten sie doch wenigstens der Mondwelt an, kreisten um das Nachtgestirn, und zum ersten Mal konnte das Menschenauge in alle seine Geheimnisse eindringen. Die Namen Nicholl, Barbicane, Michel Ardan haben sich in den Annalen der Astronomie ruhmvoll verewigt, denn diese kühnen Forscher haben, aus Begierde den Kreis der menschlichen Kenntnisse zu erweitern, sich verwegen in den Weltenraum gewagt und in dem seltsamsten Unternehmen der Neuzeit ihr Leben auf's Spiel gesetzt.

Wie dem auch sei, als die Meldung aus Longs Peak sich verbreitete, wurde die ganze Welt teilnehmend von Staunen und Schrecken erfüllt. Gab's eine Möglichkeit, diesen kühnen Erdbewohnern Beistand zu leisten? Nein, ganz gewiss nicht, denn sie hatten sich durch Ueberschreitung der von Gott den Creaturen der irdischen Welt gesteckten Grenzen außer Verbindung mit der Menschheit gesetzt. Sie konnten sich zwei Monate lang Luft bereiten. Mit Lebensmitteln waren sie auf ein Jahr versehen. Aber hernach?... Die gefühllosesten Herzen erbangten bei dieser fürchterlichen Frage...

Jules Verne: „Von der Erde zum Mond" / Auszüge http://gutenberg.spiegel.de/buch/von-der-erde-zum-mond-4027/28

23. Der Flug zum Mond – Menschheitstraum und Utopie

EA

Aufgabe 1:

a) *Wie hießen die drei „Weltraumfahrer“ in Jules Vernes Buch?*

b) *Der Flug zum Mond erfolgte nicht mit einer Rakete, sondern …?*

c) *Beschreibe, was beim Abschuss der Colombiade geschah.*

d) *Warum war das Projektil und der Mond einige Tage nach dem Abschuss nicht sichtbar?*

e) *Beschreibe, was die Wissenschaftler feststellen konnten, als die Sicht endlich frei war?*

f) *Welche zwei Möglichkeiten bieten sich der Besatzung des Projektils?*

g) *Jules Verne schrieb diesen Text im Jahre 1865, also über 100 Jahre vor der ersten Mondlandung. Wie schätzt du seine Beschreibungen ein?*

KOHL VERLAG
Lernwerkstatt PLANETEN & STERNE
Vom Sonnensystem bis ins weite Universum – Bestell-Nr. 11 935

24. Lustiges Quiz rund um die Mondlandungen

Aufgabe 1: *Lande mit der Mondfähre deine richtigen Antworten auf dem Mond. Ordne dazu die Lösungsbuchstaben passend zu den Aufgabennummern, die sich in den Feldern auf dem Mond (Blatt 2) befinden, zu.*

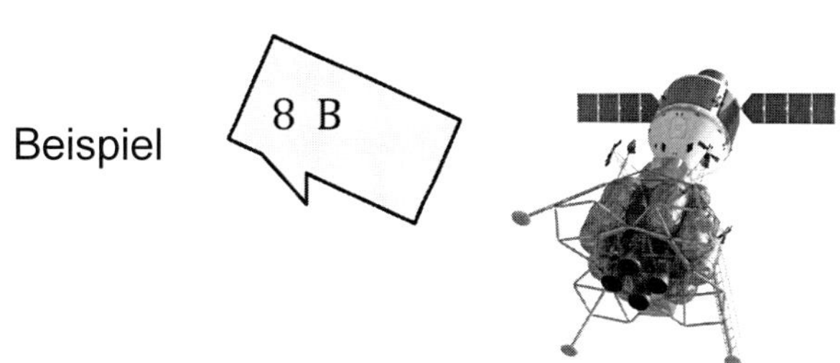

1. *Welcher Autor beschrieb schon im 19. Jahrhundert eine Reise zum Mond?*

A Jules Verne

B Jacob Grimm

C Friedrich Schiller

2. *Der Name des ersten Raumflugkörpers, der gezielt auf dem Mond aufschlug, war*

A Nemo

B Lunik 2

C Ranger 4

3. *Bei welcher Mondgestalt ist eine gezielte Mondlandung sicher?*

A Die Lichtgestalt des Mondes spielt für eine zielgerichtete Landung keine Rolle

B bei zunehmender Mondsichel

C bei Vollmond

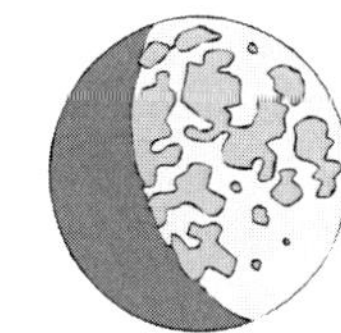

4. *Wie hieß das erste ferngesteuerte russische Mondfahrzeug?*

A Wladiwostok

B Lunachod

C Sputnik

5. *Welche Mission brachte erstmalig Menschen zum Mond?*

A Apollo 1

B Apollo 11

C Apollo 20

KOHL VERLAG Lernwerkstatt PLANETEN & STERNE Vom Sonnensystem bis ins weite Universum – Bestell-Nr. 11 935

24. Lustiges Quiz rund um die Mondlandungen

6. *Wer betrat als erster Mensch den Mond ?*

A Neil Armstrong

B Buzz Aldrin

C Louis Armstrong

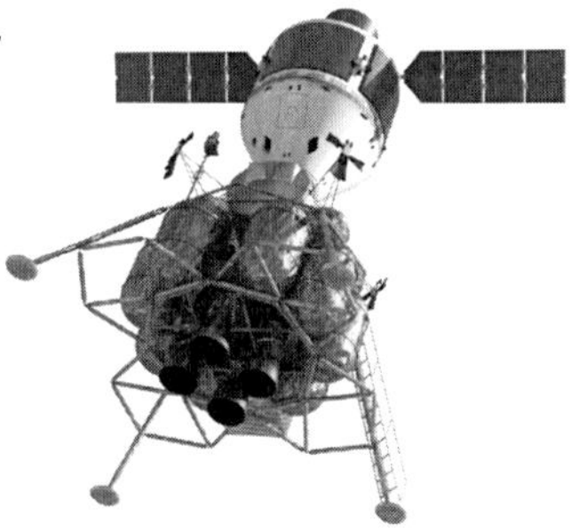

7. *Die erste bemannte Mondfähre hatte den Namen „Eagle“. Was bedeutet diese Wort auf deutsch?*

A Igel

B Raupe

C Adler

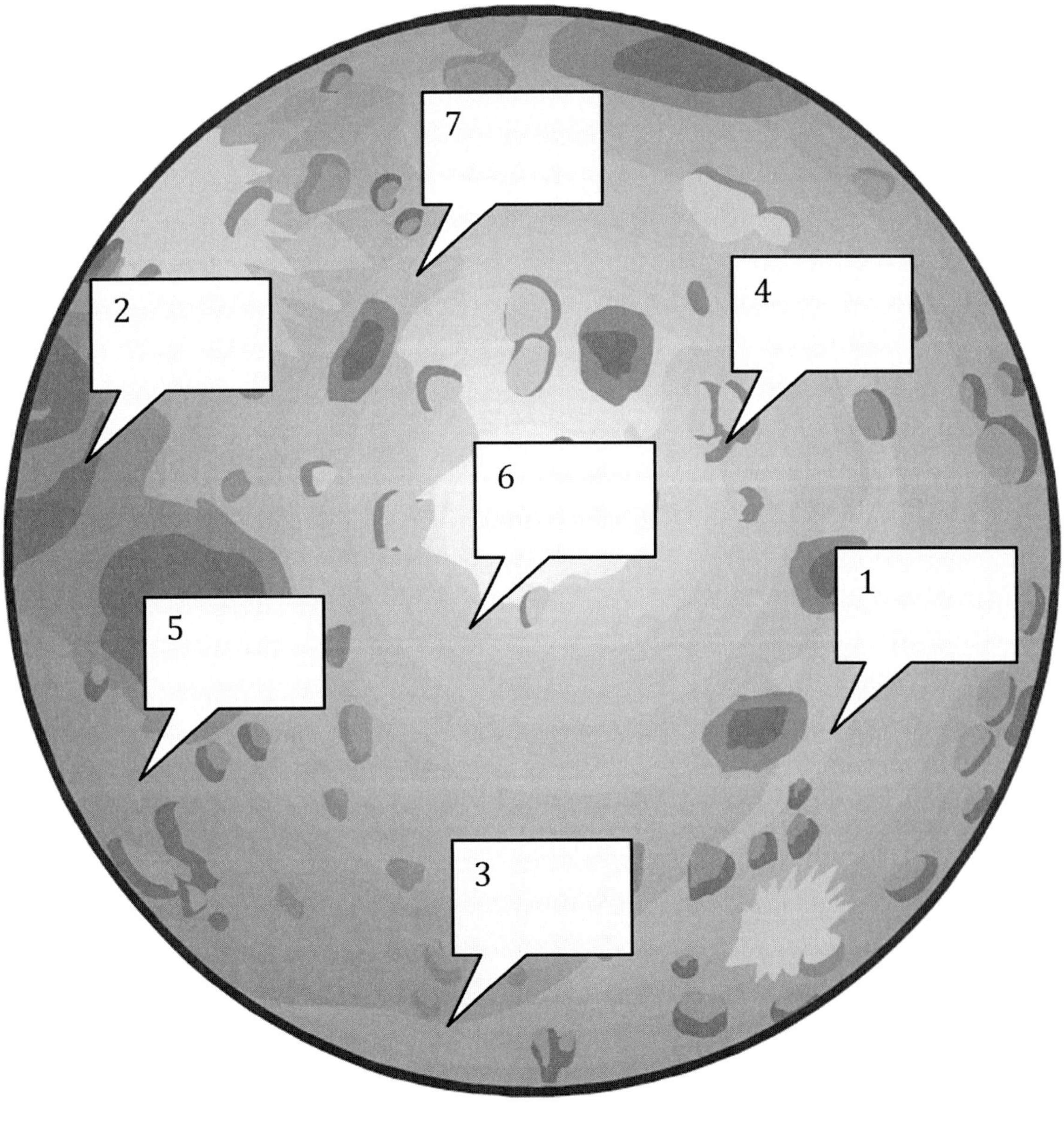

7

2

4

6

1

5

3

KOHL VERLAG Lernwerkstatt PLANETEN & STERNE Vom Sonnensystem bis ins weite Universum – Bestell-Nr. 11 935

25. Der Mann auf dem Mond

EA

Aufgabe 1: *Hier ist alles durcheinander geraten. Schneide die Bausteine aus. Füge die Textbausteine – die zeitliche Reihenfolge beachtend – zu einem sinnvoll gegliederten Text in der linken Spalte der Tabelle auf Blatt 2 zusammen und setze die Bilder passend zum Text in die Bildleiste in der rechten Spalte der Tabelle ein.*

Am 21. Juli 1969 um 02:56:20 betrat Neil Armstrong als erster Mensch den Mond und sprach die berühmten Worte:
„Das ist ein kleiner Schritt für einen Menschen, ein riesiger Sprung für die Menschheit.“ 20 Minuten später verließ auch Buzz Aldrin die Mondfähre und hisste unter anderem die US-Flagge.

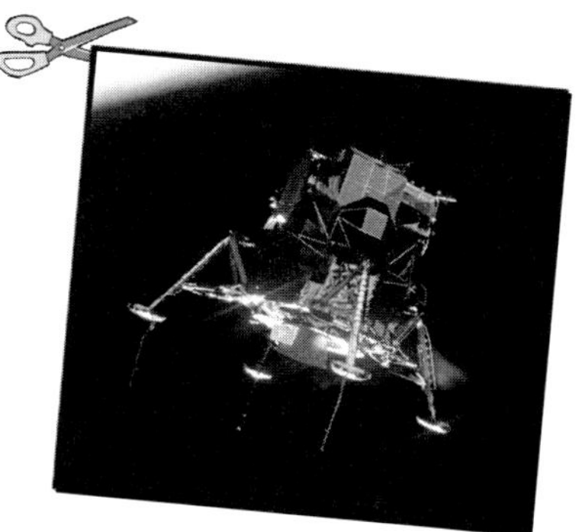

Nachdem die Astronauten während ihres 22-stündigen Aufenthaltes wissenschaftliche Experimente durchgeführt hatten, startete die Landefähre wieder von der Mondoberfläche und kehrte zum Mutterschiff zurück.
Die Columbia wasserte am 24. Juli im Pazifik – die Mission war erfolgreich beendet.

An Bord der Columbia fieberten die drei Astronauten Neil Armstrong, Michael Collins und Buzz Aldrin der bevorstehenden Mondlandung und der Begegnung mit dem unbekanntem Neuland auf unserem kosmischen Nachbarn entgegen.

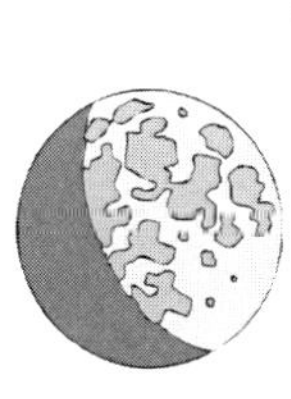

Am 16. Juli 1969 startete im Rahmen der Raumfahrtmission Apollo 11 der US-amerikanischen Raumfahrtbehörde eine Saturn-Trägerrakete vom Kennedy Space Center in Florida, um das bemannte Raumschiff Columbia zunächst auf die Umlaufbahn um den Mond zu bringen.

Während Collins im Kommandomodul des Raumschiffs Columbia zurückblieb, setzten Armstrong und Aldrin am 20. Juli mit der Mondlandefähre Eagle auf dem Erdtrabanten auf und sendeten das Rufzeichen: *„Houston, Tranquility Base here. The Eagle has landed!“*

Lernwerkstatt PLANETEN & STERNE
Vom Sonnensystem bis ins weite Universum – Bestell-Nr. 11 935

25. Der Mann auf dem Mond

Dein Text	Die Bilder

26. Finsternisse – Schattenspiele im Kosmos

EA **Aufgabe 1:** *Welche Befürchtungen hatten die Menschen früher beim Auftreten einer Sonnenfinsternis? Setze den Text mit einem Satz fort. Natürlich darfst du auch mehr schreiben.*

Als sich mitten am Tag der Himmel verdunkelte und die Sonne schwarz wurde, ...

____

____

____

____

____

____

Eine Sonnenfinsternis galt im Alten Ägypten mythologisch als negatives Omen und wurde als Verschlucken der Sonne vom Himmel bezeichnet. Sowohl eine totale Sonnenfinsternis, was bedeutet, dass die gesamte Sonnenscheibe verdeckt ist, als auch eine totale Mondfinsternis standen als mögliches Vorzeichen für Katastrophen, Krieg und Krankheiten.

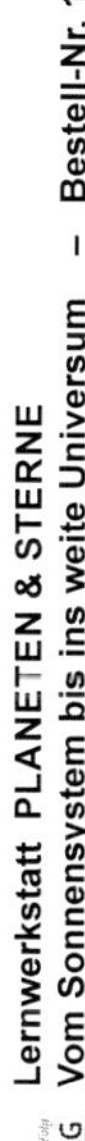
KOHL VERLAG Lernwerkstatt PLANETEN & STERNE Vom Sonnensystem bis ins weite Universum – Bestell-Nr. 11 935

26. Finsternisse – Schattenspiele im Kosmos

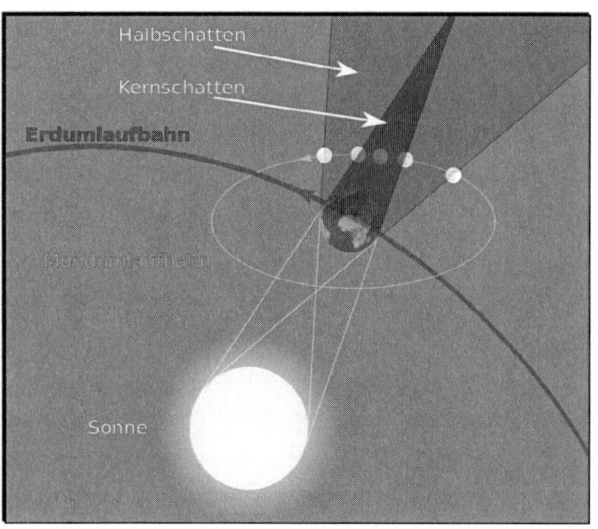

EA

Aufgabe 2: *Beantworte die Fragen in der Tabelle.*

	Mondfinsternis	**Sonnenfinsternis**
Bei welcher Mondphase tritt das Ereignis ein?	______________	______________
Welcher Himmelskörper wirft bei dieser Finsternis den Schatten?	______________	______________

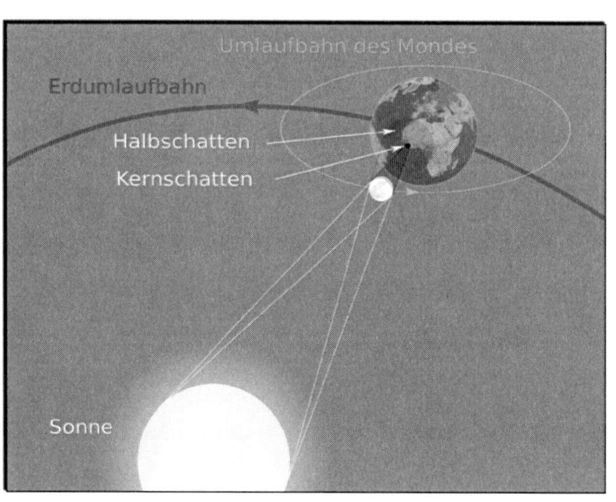

EA

Aufgabe 3: *Wann war in einigen Regionen Deutschland eine totale Sonnenfinsternis zu beobachten und wann wird die nächste in Deutschland sichtbare totale Sonnenfinsternis stattfinden? Informiere dich im Internet.*

Notiz: ____

____

Lernwerkstatt PLANETEN & STERNE
Vom Sonnensystem bis ins weite Universum – Bestell-Nr. 11 935

26. Finsternisse – Schattenspiele im Kosmos

EA

Aufgabe 4: *Welche Finsternis ist im Schema dargestellt? Sieh dir die entsprechende Abbildung auf Seite 56 genau an und beschrifte unten stehende Abbildung.*

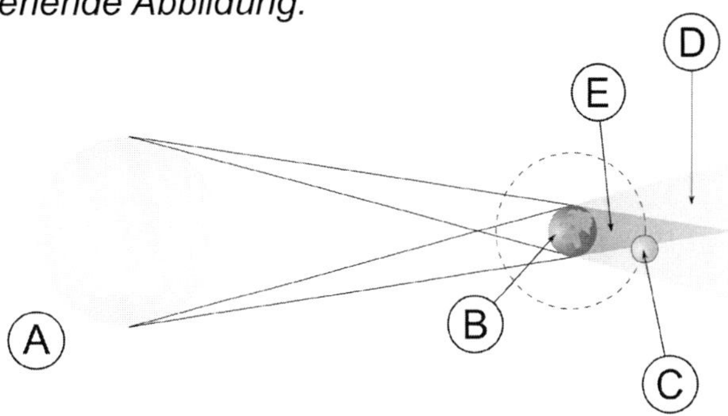

Antwort:

Es handelt sich um eine ______________________________

A ____________________ B ____________________

C ____________________ D ____________________

E ____________________

EA

Aufgabe 5: *Führe ein Experiment zur Schattenbildung durch.*

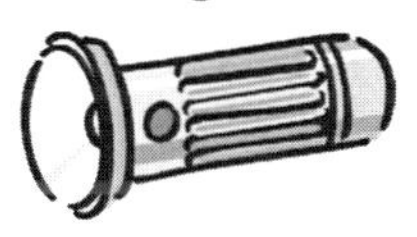

Du benötigst:

- 2 Lichtquellen (Kerzen oder Taschenlampen)
- einen lichtundurchlässigen Körper (zum Beispiel Streichholzschachtel oder Tennisball)
- Fäden und Klebstoff zum Anhängen der Körper
- Stange (Stativmaterial)
- Bildschirm (Projektionswand oder weißer Zeichenkarton)

Versuchsanleitung:

1. Bringe zunächst den lichtundurchlässigen Körper in den Raum zwischen Lichtquelle und Bildschirm. Beobachte das Schattenbild auf dem Bildschirm. Welche Eigenschaft hat der Schatten?
2. Bestrahle den gleichen Gegenstand nun mit zwei Lichtquellen. Wie verändert sich das Schattenbild?
3. Gibt es einen Zusammenhang mit dem Schattenbild bei einer Mondfinsternis?
4. Warum kann man den Strahlenverlauf des Lichtes bei einer Mondfinsternis auf das Vorhandensein von zwei Lichtquellen – so wie bei deinem Versuch – zurückführen ?

Diskutiere alle Fragen mit deinen Mitschülern und dem Lehrer.

Lernwerkstatt PLANETEN & STERNE
Vom Sonnensystem bis ins weite Universum – Bestell-Nr. 11 935
KOHL VERLAG

27. Rätsel rund um den Mond

EA

Aufgabe 1: *Gesucht sind Begriffe, sodass wahre Aussagen entstehen. Trage die Wörter in das Rätselfeld auf der Blatt 2 passend ein. Wenn du die Buchstaben in den markierten Feldern richtig ordnest, erhältst du ein Lösungswort.*

1. In Liedern und Gedichten wird der Mond auch ...(?) genannt.
2. Unser Mond ist kein Planet, sondern ein ...(?).
3. Der Mond sendet selber kein Licht aus, sondern wird von der Sonne ...(?).
4. In etwa einem ...(?) umrundet der Mond die Erde.
5. Die (…?) ist eine Lichtgestalt des Mondes.

6. Eine Mondfinsternis entsteht, wenn der Mond in den Kern …(?) der Erde wandert.
7. Die Sonnenfinsternis kann nur bei ...(?) entstehen.
8. Eine Vorraussetzung für die Mondfinsternis hingegen ist ...(?).
9. In der Nacht ist es auf dem Mond bei Temperaturen bis −160°C sehr ...(?).
10. Auf der Mondoberfläche sind durch Meteoriteneinschläge …(?) entstanden.
11. Weil der Mond keine ...(?) hat, fehlt die Luft zum Atmen.
12. Es gibt auf dem Mond auch kein ...(?).
13. ...(?) ist deshalb auf dem Mond nicht möglich.
14. Die Raumfahrtmission ...(?) 11 verwirklichte den ersten bemannten Flug zum Mond.
15. Im Jahr 1969 brachte eine Saturn-V-Rakete das Raumschiff ...(?) auf Mondumlaufbahn.
16. Mit der Mondfähre ...(?) – was auf deutsch „Adler“ heißt, landeten drei amerikanische Kosmonauten auf dem Mond.
17. Die Mondfähre landete auf dem ...(?) Tranquillitatis (lateinisch für Meer der Ruhe).
18. Neil ...(?) betrat als erster Mensch den Mond.
19. Für die Zukunft ist auch eine Mission für einen bemannten Flug zum ...(?) geplant.

Lernwerkstatt PLANETEN & STERNE
Vom Sonnensystem bis ins weite Universum – Bestell-Nr. 11 935
KOHL VERLAG

27. Rätsel rund um den Mond

LÖSUNGSWORT:

Das Phänomen, welches das Lösungswort beschreibt, siehst du auf dem Foto, das von der ISS aus fotografiert wurde.

Lernwerkstatt PLANETEN & STERNE
Vom Sonnensystem bis ins weite Universum – Bestell-Nr. 11 935
KOHL VERLAG

28. Wie viele Sterne stehen am Himmel?

EA

Aufgabe 1: *Du kennst sicher das Volkslied von den „Sternlein“, welches uns auch viele Fragen aufgibt. Den Text der ersten Strophe kannst du hier nachlesen. Schreibe deine Fragen zu den Sternen unten auf.*

Meine Fragen an die Sterne: ______________________________

____

____

____

EA

Aufgabe 2: *Auf die Frage, wie viel Sterne am Himmel stehen, sind hier drei Antworten vorgegeben, von denen eine Antwort falsch ist. Welchen Aussagen stimmst du zu? Setze „X“ .*

- ❑ **A** Die riesige Anzahl von Sternen (Milliarden vielfach überschreitend) kann von Astronomen nur geschätzt werden.
- ❑ **B** Die Wissenschaftler können die Sterne des Weltalls mit modernen Teleskopen genau zählen.
- ❑ **C** Es gibt sehr viele Sterne, die allerdings nicht exakt zählbar sind, weil Sterne erlöschen und immer wieder neue Sterne „geboren“ werden – eine unendliche kosmische Geschichte.

29. Was ist überhaupt ein Stern?

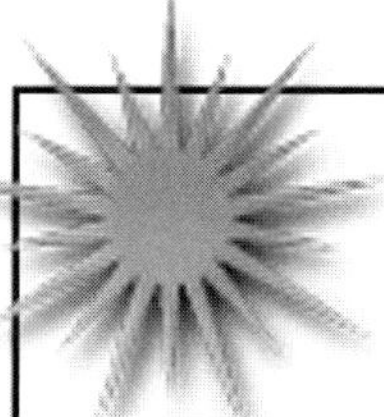

Sterne werden auf Weihnachtskarten und Bilderbüchern als Gebilde mit Zacken oder Strahlen dargestellt. Am Himmel jedoch erscheinen sie uns als mehr oder wenig helle Lichtpunkte. Der Sternenhimmel regt Künstler zum Malen von Bildern und Poeten zum Verfassen romantischer Gedichte und Liedtexte an.

Sterne haben in allen Kulturen eine wichtige Rolle gespielt und die menschliche Vorstellung inspiriert. Sie wurden religiös interpretiert und zur Berechnung von Kalendern, später auch als Navigationssterne benutzt.

Was verbirgt sich in den Weiten des Kosmos hinter diesen Leuchterscheinungen? In der Antike stellten sich die Naturphilosophen vor, dass die Fixsterne aus glühendem Gestein bestehen könnten, weil normales Kohlenfeuer nicht auszureichen schien, um eine so große Hitze zu produzieren, dass man das Licht aus einer so großen Entfernung sehen konnte. Dass Sterne hingegen nur aus Gas bestehen, wurde erst vor etwa 300 Jahren erkannt.

Ein Stern gilt in der Astronomie als ein massereicher, selbstleuchtender kugelförmiger Himmelskörper aus Gas (und Plasma), genau wie unsere Sonne. Er wird durch die eigene Schwerkraft zusammengehalten und ist an der Oberfläche 2200 K bis 45.000 K heiß. Die Sonne ist unser nächster Stern.

EA

Aufgabe 1: *Notiere die Merkmale von Sternen in Stichpunkten.*

____

____

____

____

EA

Aufgabe 2: *Warum sehen wir Sterne, die riesengroß sind, nur als kleine Lichtpunkte?*

____

____

EA

Aufgabe 3: *Was ist ein „Lichtjahr"? Setze bei der richtigen Antwort „X".*

❑ **A** Ein besonders sonnenscheinreiches Jahr.

❑ **B** Eine große Längeneinheit zur Angabe kosmischer Entfernungen. Ein Lichtjahr gibt an, welchen Weg das Licht in einem Jahr zurücklegt.

❑ **C** Die Lichtmenge, welche die Sonne in einem Jahr auf einen O der Erde sendet.

KOHL VERLAG Lernwerkstatt PLANETEN & STERNE Vom Sonnensystem bis ins weite Universum – Bestell-Nr. 11 935

30. Sternnamen und Sternbilder

EA **Aufgabe 1:** *Die Menschen gaben den hellsten und bedeutsamsten Sternen Namen. Schreibe einige bekannte Sternnamen hier auf.*

____

____

____

EA **Aufgabe 2:** *Wie heißt der hellste Stern und in welchem Sternbild finden wir ihn?*

____

EA **Aufgabe 3:** *Der Polarstern (Polaris) ist nicht der hellste Stern. Er ist aber während des gesamten Jahres auf der Nordhalbkugel zu sehen. Worin besteht seine große Bedeutung und wozu wurde er bereits im Altertum genutzt?*

____

____

____

Seit der Jungsteinzeit und insbesondere seit der Antike werden einzelne helle Sterne am Himmel in Gruppen von etwa 5 bis 20 Sternen zusammengefasst und als Einheit betrachtet, der eine Figur, aus der Sagenwelt, ein Tier oder ein Gegenstand zugeordnet wird. Solche Gruppen werden „Sternbilder" genannt und erleichtern die Orientierung am Sternenhimmel. Die Nachbarschaft der Sterne einer solchen Gruppe ist allerdings oft nur scheinbar und durch die Beobachtung von der Erde aus bedingt.

EA **Aufgabe 4:** *Beantworte die Fragen. Schreibe in dein Heft/in deinen Ordner.*

a) *Welche Sternbilder sind dir aus Büchern, Filmen oder einem Planetarium bekannt?*

b) *Welche Sternbilder hast du selber am Himmel beobachtet? Notiere in Stichpunkten.*

c) *Ich kenne folgende Sternbilder:*

d) *Ich habe folgende Sternbilder selber beobachtet:*

KOHL VERLAG Lernwerkstatt PLANETEN & STERNE Vom Sonnensystem bis ins weite Universum – Bestell-Nr. 11 935

30. Sternnamen und Sternbilder

EA **Aufgabe 5**: *Im Bild rechts siehst du das Sternbild Orion. Es ist in Mitteleuropa am Winterhimmel als auffälligstes Sternbild zu sehen. Wie heißen die drei hellsten Sterne dieses Sternbildes? Setze bei den zutreffenden Antworten „X“.*

- ❑ **A** Sirius
- ❑ **B** Beteigeuze
- ❑ **C** Jupiter
- ❑ **D** Rigel
- ❑ **E** Bellatrix
- ❑ **F** Polaris

EA **Aufgabe 6**: *Beobachte in den Wintermonaten den Sternenhimmel. Zeichne die bei deiner Beobachtung sichtbaren Sterne des Sternbildes Orion auf. Markiere den hellsten Stern dieses Sternbildes. Verbinde die Sterne zu einem Bild.*

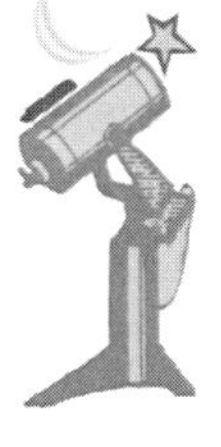

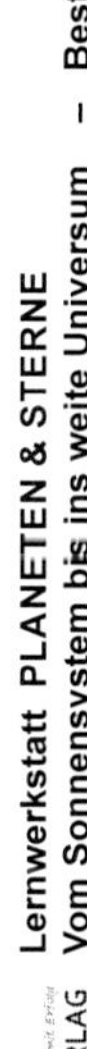
Lernwerkstatt PLANETEN & STERNE – Bestell-Nr. 11 935
Vom Sonnensystem bis ins weite Universum
KOHL VERLAG

31. Großer und kleiner Bär mit großem und kleinem Wagen

Der Große Bär ist das bekannteste Sternbild am Nachthimmel. Sein größter Teil ist von Mitteleuropa aus ganzjährig sichtbar. Die sieben hellsten Sterne bilden den als Großen Wagen bekannten Teil des Sternbildes. Dieses Teilsternbild ist ein sogenannter Asterismus – ein charakteristisches Muster am Himmel, das aber nicht als Sternbild gilt. Der Große Bär ist eines der 48 Sternbilder der Antike, die von Ptolemäus beschrieben wurden. Aus dem griechischen Wort „árktos" für Bär wurde die Bezeichnung „Arktis" abgeleitet, die so viel bedeutet wie „Land unter dem (Sternbild des) Großen Bären".

EA

Aufgabe 1: *Zeichne das Sternbild Großer Bär in die rechte Tabellenspalte. Orientiere dich dabei an der Abbildung links. Lege zunächst 17 Punkte, welche den hellsten Sternen im Großen Bär entsprechen, fest. Du kannst die Punkte nun zu kleinen Sternen ergänzen. Verbinde anschließend die Punkte mit Sternlinien. Markiere die Linien, welche den Großen Wagen bilden, farbig.*

Sternbild Großer Bär	
Orion	Dein Bild:

EA

Aufgabe 2: *Suche an einem sternenklaren Abend das Sternbild Großer Bär. Welche Sterne sind am hellsten? Ergänze auch deine Zeichnung, indem du die hellsten Sterne hervorhebst.*

____

____

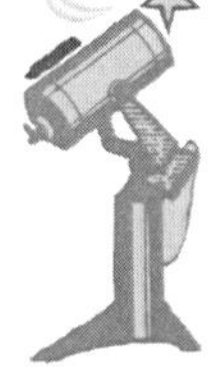

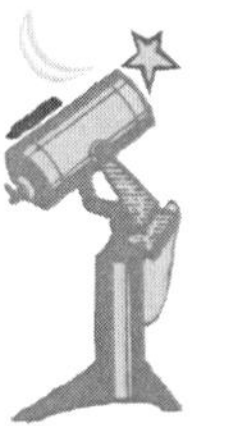

KOHL VERLAG Lernwerkstatt PLANETEN & STERNE Vom Sonnensystem bis ins weite Universum – Bestell-Nr. 11 935

31. Großer und kleiner Bär mit großem und kleinem Wagen

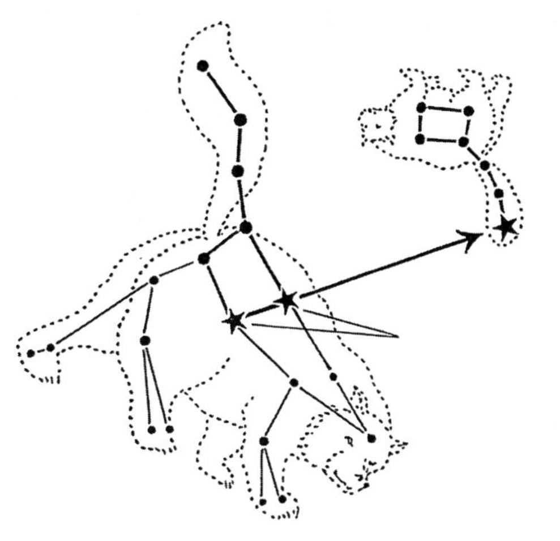

Der Kleine Bär ähnelt dem als Großen Wagen bezeichneten Teil des Großen Bären und wird daher auch als Kleiner Wagen bezeichnet.
Der Kleine Bär ist von Europa aus über das ganze Jahr zu sehen. Sein Hauptstern Polaris, auch Nordpolarstern genannt, steht derzeit ziemlich genau in der Nähe des Himmelsnordpols, der nördlichen Verlängerung der Erdachse. Der gesamte Sternenhimmel scheint sich um diesen Stern zu drehen. Zieht man eine Linie von Polaris zum Horizont, gibt dies ziemlich genau die Nordrichtung an.
Man kann Polaris leicht finden, indem man eine gedachte Linie durch die hinteren beiden Sterne des Großen Bären (Merak und Dubhe) nach oben verlängert. In ungefähr fünffachem Abstand der beiden Sterne steht Polaris.

Aufgabe 3: *Zeichne das Sternbild Kleiner Bär in die rechte Tabellenspalte. Orientiere dich dabei an der Abbildung links. Hebe den Polarstern in deiner Zeichnung besonders kräftig hervor und benenne ihn.*

Sternbild Kleiner Wagen	
	Dein Bild:

KOHL VERLAG
Lernwerkstatt PLANETEN & STERNE
Vom Sonnensystem bis ins weite Universum – Bestell-Nr. 11 935

31. Großer und kleiner Bär mit großem und kleinem Wagen

EA

Aufgabe 4: **a)** *Suche am Nachthimmel den Polarstern im Sternbild Kleiner Bär und zeichne das Sternbild wiederholt auf einem gesonderten Blatt.*

b) *Welchen Unterschied zwischen dem beobachteten realen Sternbild und der Abbildung auf Blatt 2 stellst du fest? Welche Ursache für eine eventuelle Abweichung vermutest du?*

____

____

c) *Welche Position hat der Polarstern angenähert am kleinen Wagen?*

____

EA

Aufgabe 5: *Suche auf der Sternkarte den Polarstern. Führe dazu die Konstruktion nach der Beschreibung im Merkstoff auf Blatt 2 aus.*

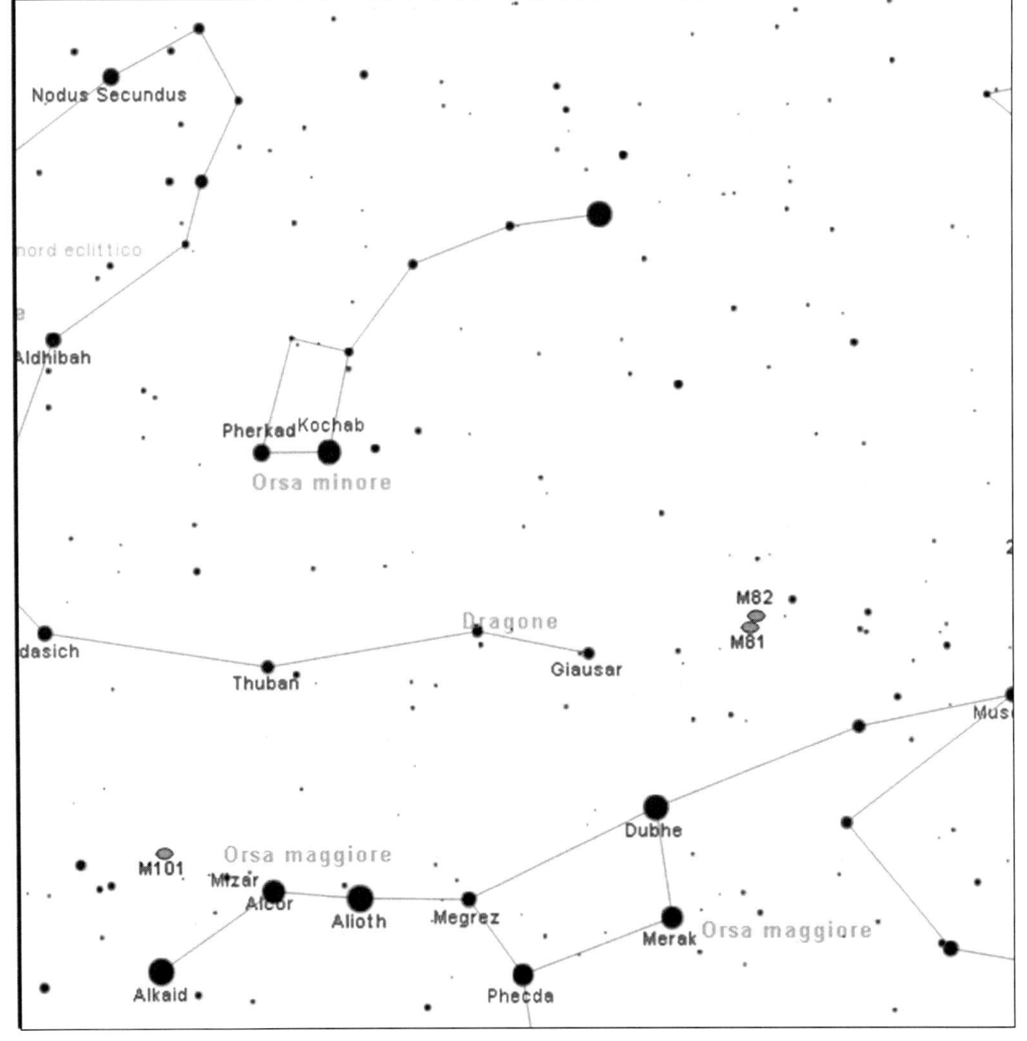

Lernwerkstatt PLANETEN & STERNE
Vom Sonnensystem bis ins weite Universum – Bestell-Nr. 11 935
KOHL VERLAG

32. Der Nördliche Sternenhimmel

EA

Aufgabe 1: *Notiere die Namen von fünf Sternbildern des Winterhimmels, wobei drei davon nicht am Sommerhimmel erscheinen sollen.*

Winterhimmel

N
NE
NW
Drache
Gr. Wagen
Schwan
Kl. Wagen
Cepheus
Löwe
Cassiopeia
Luchs
Perseus
Andromeda
Fuhrmann
Krebs
Pegasus
E
W
Zwillinge
Widder
Fische
Wasserschlange
Stier
Kl. Hund
Orion
Walfisch
Eridanus
Gr. Hund
Hase
SE
SW
S
CalSKY

EA

Aufgabe 2: *Vergleiche die Positionen der Sternkonstellationen Großer und Kleiner Wagen im Winter und im Sommer. Welches Objekt hat seine Position nicht verändert?*

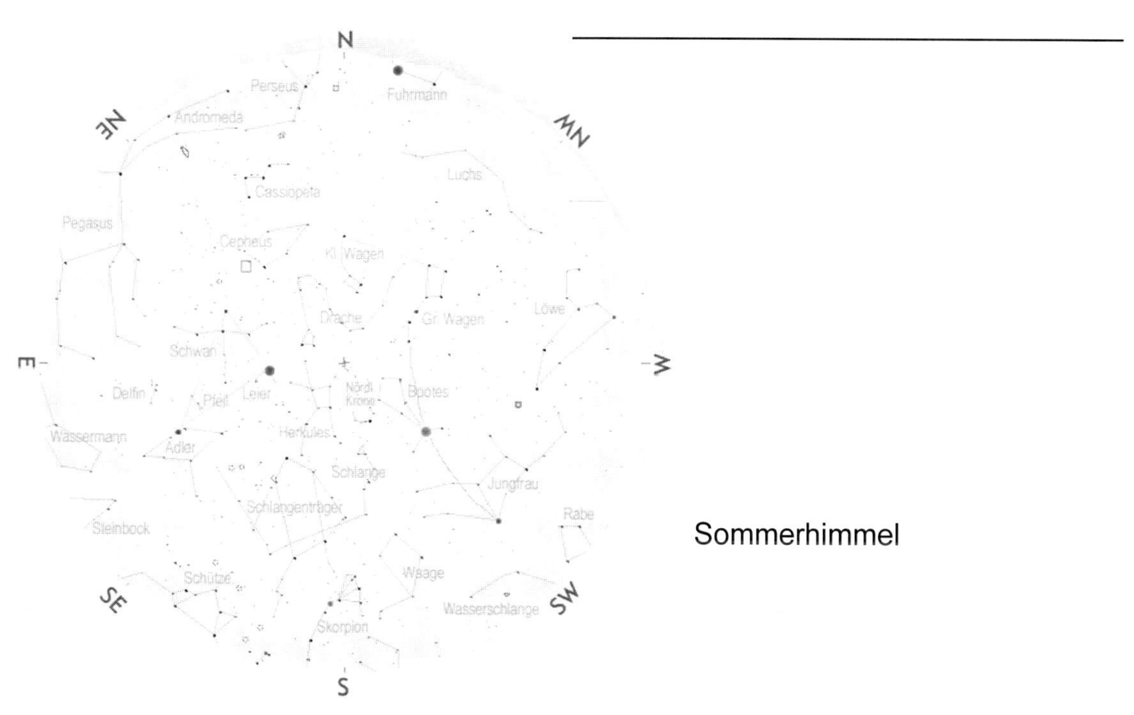

Sommerhimmel

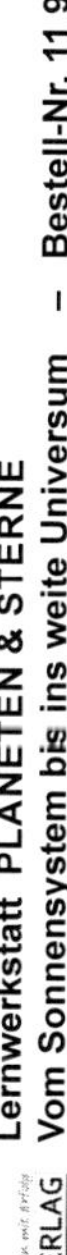

33. Der Zodiak und die Tierkreiszeichen

EA

Aufgabe 1: **a)** *In welchem Sternzeichen (Tierkreiszeichen) bist du geboren?*

____

b) *Was weißt du über Sternzeichen? Lies auch den Informationstext im Kasten.*

____

____

____

c) *Male hier dein Sternzeichen.*

Als **Zodiak** (lateinisch/griechisch von Zodiakos „Lebewesenkreis“) – umgangssprachlich Tierkreis – wird eine Zone bezeichnet, innerhalb derer die scheinbaren Bahnen von Sonne, Mond und von Planeten verlaufen. Die scheinbare Sonnenbahn (Ekliptik) bildet dabei die Mittellinie. Innerhalb des Zodiaks befinden sich die zwölf Tierkreissternbilder. Davon wurden später die 12 Tierkreiszeichen, welche besonders in der Astrologie zur Sterndeutung Anwendung finden, abgeleitet. Der Tierkreis mit seinen zwölf gleich großen Abschnitten, den Tierkreiszeichen, dient dem abendländischen Horoskop als Messkreis. Als Tierkreiszeichen einer Person wird dasjenige bezeichnet, in dem die Sonne zum Zeitpunkt ihrer Geburt stand (Geburtszeichen). So verlockend die Vorhersagen der Astrologen für Erfolg, Glück oder andere Ereignisse im Leben der Menschen auch sein mögen, ist hier Vorsicht geboten, denn die Astrologie ist im Gegensatz zur Astronomie keine Wissenschaft.

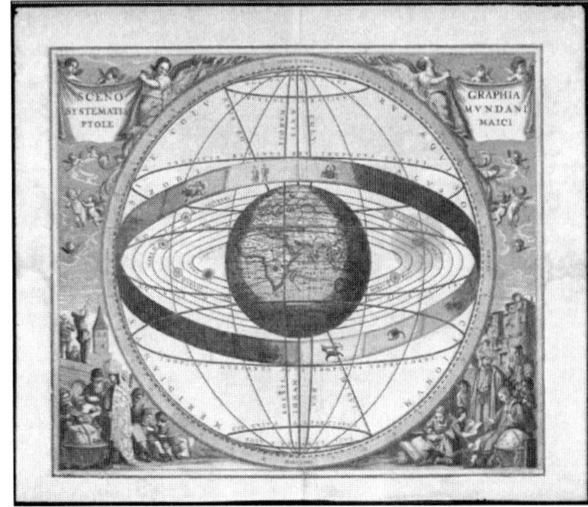

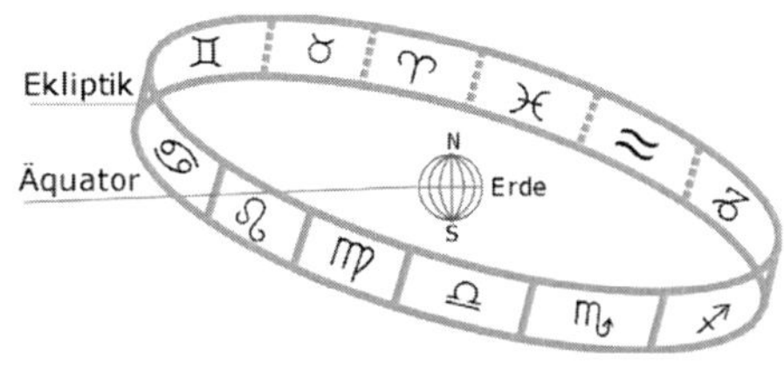

Lernwerkstatt PLANETEN & STERNE Vom Sonnensystem bis ins weite Universum – Bestell-Nr. 11 935

33. Der Zodiak und die Tierkreiszeichen

EA

Aufgabe 2: *Ordne die Tierkreiszeichen dem entsprechenden Jahresabschnitt zu. Schneide dazu die Felder unten einzeln aus und klebe sie passend in die Tabelle auf die folgenden Blätter ein.*

33. Der Zodiak und die Tierkreiszeichen

Widder	♈		**scheinbarer Sonnendurchgang** **21.März - 20.Apri**
Stier	♉		**scheinbarer Sonnendurchgang** **21.April - 21.Mai**
Zwillinge	♊		**scheinbarer Sonnendurchgang** **22. Mai - 21. Juni**
Krebs	♋		**scheinbarer Sonnendurchgang** **22. Juni - 22. Juli**
Löwe	♌		**scheinbarer Sonnendurchgang** **23. Juli - 22. August**
Jungfrau	♍		**scheinbarer Sonnendurchgang** **23. August - 22. September**

KOHL VERLAG
Lernwerkstatt PLANETEN & STERNE
Vom Sonnensystem bis ins weite Universum – Bestell-Nr. 11 935

33. Der Zodiak und die Tierkreiszeichen

Waage	♎		**scheinbarer Sonnendurchgang** **23. September - 22. Oktober**
Skorpion	♏		**scheinbarer Sonnendurchgang** **23. Oktober - 22. November**
Schütze	♐		**scheinbarer Sonnendurchgang** **23. November - 20. Dezember**
Steinbock	♑		**scheinbarer Sonnendurchgang** **21. Dezember - 19. Januar**
Wassermann	♒		**scheinbarer Sonnendurchgang** **20. Januar - 18. Februar**
Fische	♓		**scheinbarer Sonnendurchgang** **19. Februar - 20. März**

KOHL VERLAG Lernwerkstatt PLANETEN & STERNE Vom Sonnensystem bis ins weite Universum – Bestell-Nr. 11 935

34. Sternenkunde – Vom Altertum bis zur Gegenwart

EA

Aufgabe 1: *Die Sternenkunde war und ist bedeutsam bei der Zeit- und Kalendereinteilung (1), für die Orientierung und Navigation auf See (2), zur umstrittenen Sterndeutung und Vorhersage durch die Astrologen (3) und gehört heute zur astronomische Wissenschaft (4). Ordne die Bilder in Dreiergruppen diesen vier Bereichen zu. Schneide die Bausteine aus und klebe sie passend in die vorbereiteten Felder auf Blatt 2.*

A	B	C
D	E	F
G	H	I
J	K	L

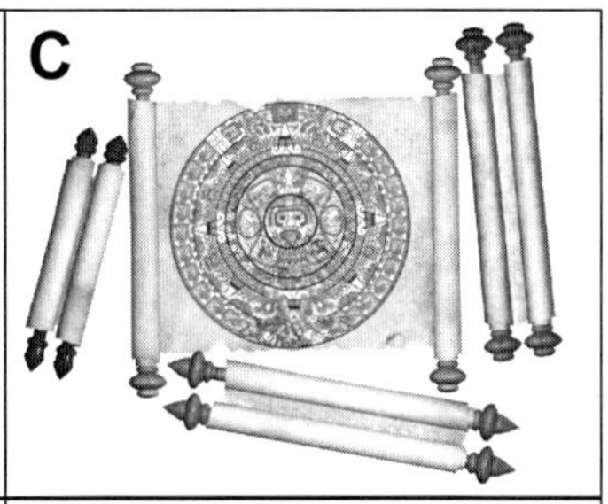

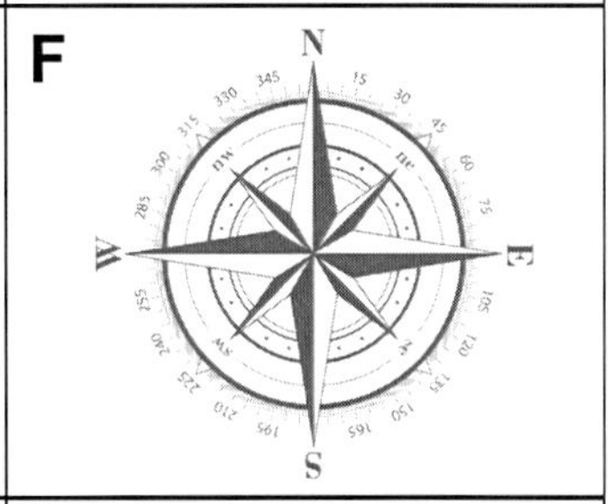

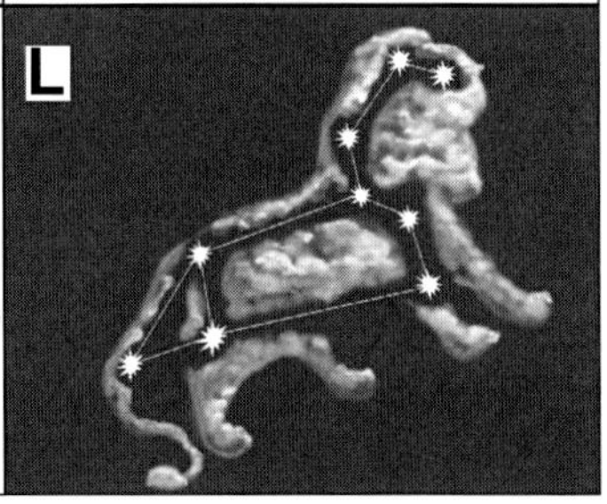

EA

Aufgabe 2: *Vervollständige die Wörter, damit sie zu den Dreiergruppen passen und übertrage die Wörter dann als Überschriften in die Felder unten.*

ST_R_DEU_UNG UND H_R_SKOPE

K_LEND_RRECHN_N_ UND _H_Z_IT

_OMPA_S UND O_IENT_ERU_G AUF _EE

ER_O_SCHU_G DES _ELT_AU_S

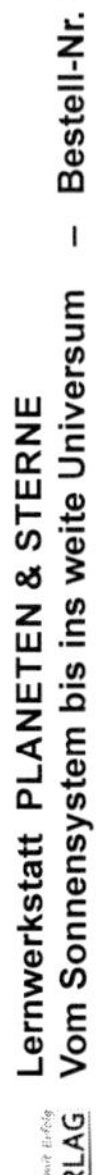

34. Sternenkunde – Vom Altertum bis zur Gegenwart

35. Astrokartenspiel

Pro Kartenspielsatz gibt es 31 Spielkarten und davon nur einen „Schwarzen Peter".

Male die Bilder farbig aus! Schneide die farbigen Karten dann aus und klebe sie fest auf bunten Zeichenkarton! Umrande die aufgeklebte Karte nun noch einmal mit Lineal und Bleistift, sodass du gerade Linien zum Ausschneiden der nun festen Spielkarten hast.

ASTEROID
SCHWARZER PETER

MERKUR

MERKUR

VENUS

VENUS

ERDE

ERDE

Lernwerkstatt PLANETEN & STERNE
Vom Sonnensystem bis ins weite Universum – Bestell-Nr. 11 935
KOHL VERLAG

35. Astrokartenspiel

MARS

MARS

JUPITER

JUPITER

SATURN

SATURN

URANUS

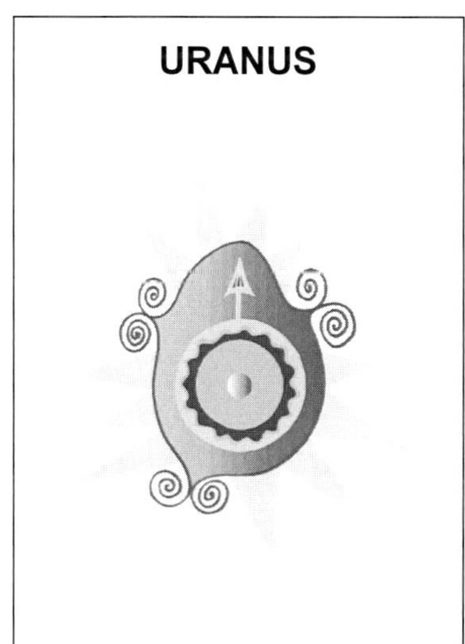

URANUS

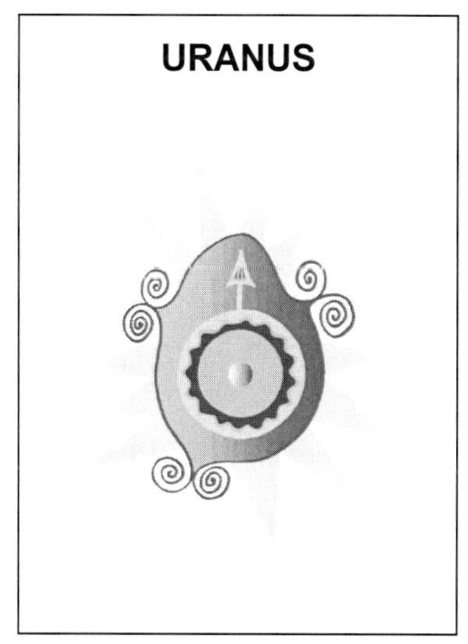

NEPTUN

35. Astrokartenspiel

NEPTUN

SONNE

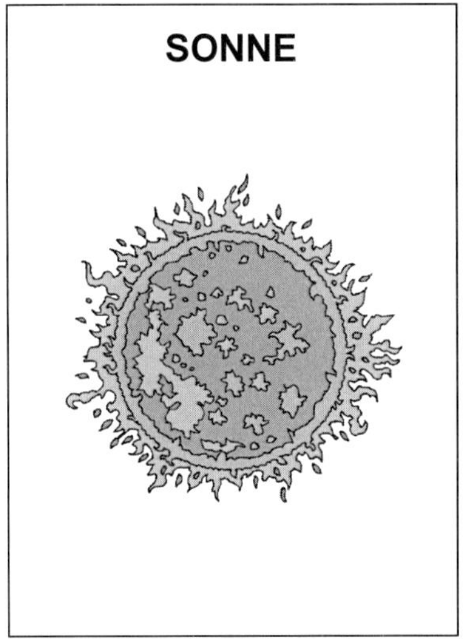

SONNE

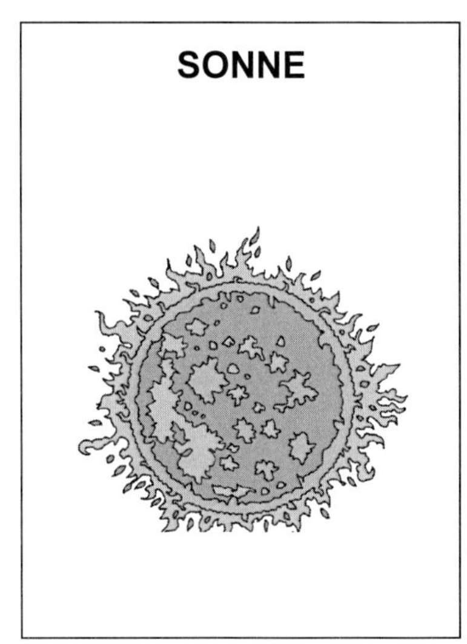

MOND

MOND

ASTEROID

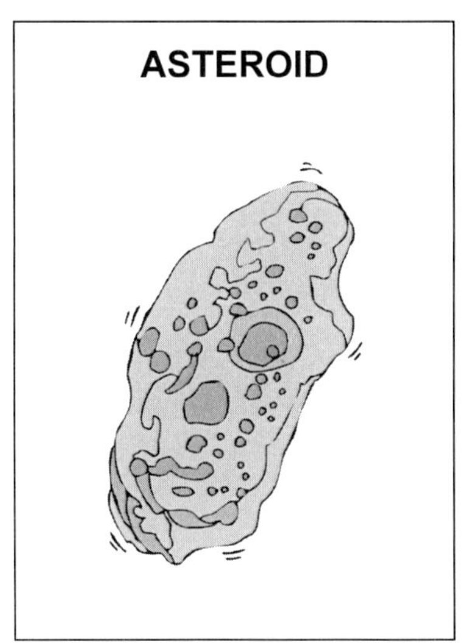

ASTEROID

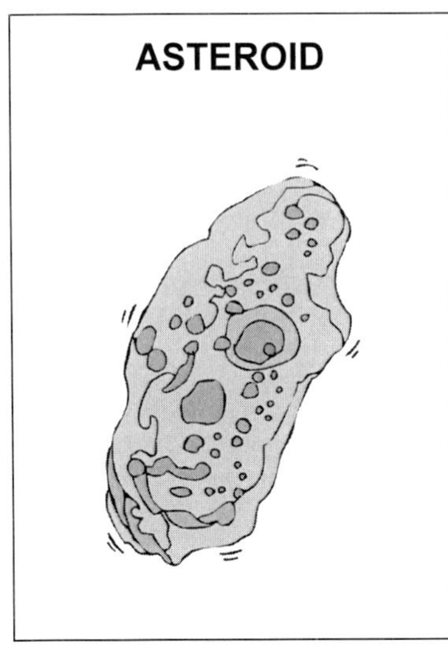

KOMET

KOMET

35. Astrokartenspiel

METEOR  	**METEOR** 	**STERNE UND TIERKREIS** 
STERNE UND TIERKREIS 	**SONNENSYSTEM** 	**SONNENSYSTEM** 

36. Rätselhaftes Weltall

1. Ein anderes Wort für Weltall ist ...(?).
2. Wandelsterne werden auch als ...(?) bezeichnet.
3. Ein Stern ist physikalisch betrachtet eine glühende ...(?).
4. Unser nächster Stern ist die ...(?).
5. Die Sonnenenergie wird durch ...(?) zur Erde transportiert.
6. Der ...(?) ist ein natürlicher Erdtrabant.
7. Kosmische Finsternisse werden durch ...(?) von Himmelskörpern verursacht.
8. Kleine planetenartige Himmelskörper mit geringer Masse – Planetoiden – heißen auch ...(?).
9. Der jährliche Umlauf der Erde um die Sonne wird auch als ...(?) bezeichnet.
10. Die scheinbare Bahn der Erde um die Sonne heißt ...(?)
11. Der mittlere Abstand der Erde von der Sonne beträgt eine ...(?) (Abkürzung)
12. Visuelle Gruppierungen einzelner heller Sterne am Himmel nennt man ...(?).
13. ...(?) ist der hellste Stern des Nachthimmels.
14. Der große ...(?) ist das bekannteste Sternbild des Nordhimmels.
15. Der ...(?) ist der hellste Stern im Sternbild Kleiner Bär (auch Kleiner Wagen).
16. Die Ansammlung von Milliarden Sternen, darunter unserer Sonne und des Planetensystems mit der Erde wird ...(?) genannt.
17. Die deutsche Bezeichnung unserer heimatlichen Galaxie ist ...(?).
18. Riesige ...(?) halten die Materie der Galaxien zusammen.
19. Ein Schwarzes ...(?) ist ein Objekt, dessen Gravitation Materie und Licht verschluckt.
20. Den Zustand der Materie im Inneren der Sterne bezeichnen die Physiker als ...(?).
21. Als ...(?) wird eine etwa 20 Grad breite Zone um die Ekliptik bezeichnet, innerhalb derer die scheinbaren Bahnen von Sonne, Mond und Planeten verlaufen.
22. Ein Weißer ...(?) ist ein alter Stern mit kleiner Oberfläche und geringer Leuchtkraft.
23. Ein alternder Stern von großer Ausdehnung wird Roter ...(?) genannt.
24. ...(?) sind kleine Himmelskörper, die in Sonnennähe Koma und Schweif bilden.
25. Eine Leuchterscheinung am Himmel, die durch Eindringen und Verglühen kleiner Gesteinsbrocken in die Erdatmosphäre verursacht wird, heißt ...(?).
26. Neben den Kleinkörpern gibt es im Weltall interstellaren ...(?), der aus neutralen Gasen, Molekülen, elektrisch geladenen Ionen und Magnetfeldern besteht.
27. Die Abkürzung für „Internationale Astronomische Union" ist ...(?).
28. Ein ...(?) ist ein optisches Gerät zur Beobachtung kosmischer Objekte.
29. In Europa werden Raumfahrtaktivitäten zur Erforschung des Weltalls durch die ...(?) (Abkürzung) koordiniert.
30. Nach der Theorie moderner Kosmologie begann die Entstehung des Weltalls mit dem ...(?).

KOHL VERLAG
Lernwerkstatt PLANETEN & STERNE
Vom Sonnensystem bis ins weite Universum – Bestell-Nr. 11 935

36. Rätselhaftes Weltall

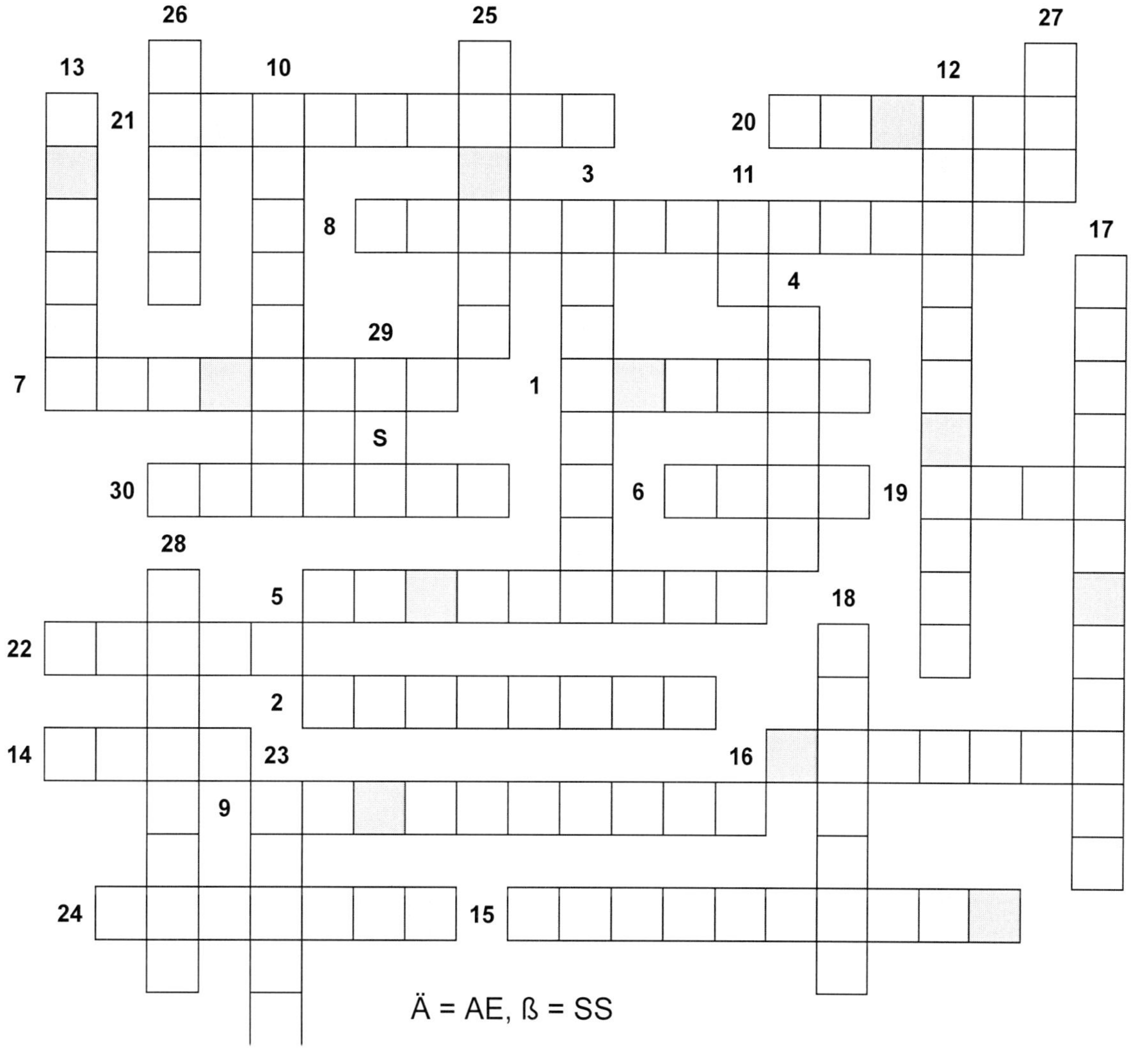

26 25 27 13 10 12 21 20 3 11 8 17 4 29 7 1 S 30 6 19 28 5 18 22 2 14 23 16 9 24 15

Ä = AE, ß = SS

LÖSUNGSWORT:

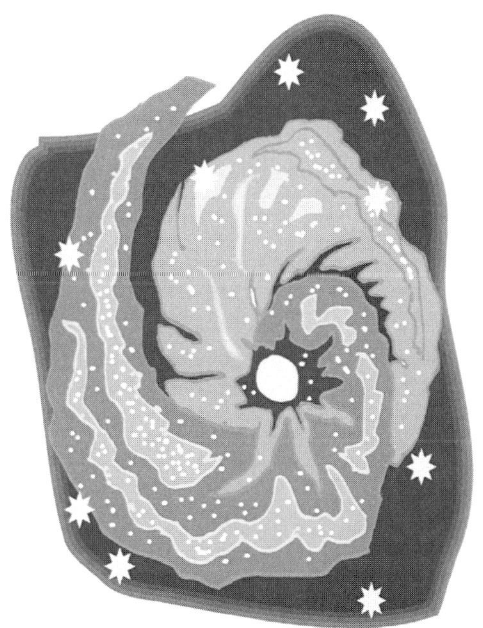

Lernwerkstatt PLANETEN & STERNE
Vom Sonnensystem bis ins weite Universum – Bestell-Nr. 11 935
KOHL VERLAG

Lösungen

1. Aufgabe 1:

Wenn die Sonne abends unter den **Horizont** taucht und den Himmel zum Gruß orange färbt, setzt besonders in den Wintermonaten kurz darauf die **Dämmerung** ein. Das Licht des Tages weicht allmählich der nächtlichen **Dunkelheit** und obwohl der Himmel noch in schwachen Farben schimmert, gewinnt am westlichen Himmel ein immer stärker werdendes Licht über das schwindende Licht des Tages. Es ist der Abendstern **Venus**, welcher nur für eine kurze Dauer von einigen Stunden als hellstes Gestirn neben dem **Mond** am abendlichen Himmel aufsteigt, um sich noch vor **Mitternacht** unserer Sicht zu entziehen. Es gibt auch Zeiten, in denen sich Venus gar nicht blicken lässt oder uns in der Morgendämmerung begrüßt. Die Mondsichel des zunehmenden Mondes, der schon am **Mittag** aufgegangen ist, behauptet anfangs noch schwach schimmernd, doch dann mit zunehmender Dunkelheit immer heller leuchtend, seinen stetigen Rang am Himmel. Inzwischen blinken zunächst vereinzelt, doch dann immer schneller weitere **Sterne** auf, bis der Himmel mit einer unzählbaren Vielzahl mit ihnen übersät ist.

2. Aufgabe 1:

Individuelle Antworten
Inhaltlich: Mond, Planeten, Sonne, Sterne, Kometen, Sternschnuppen

Aufgabe 2:

Selbstleuchtende Himmelskörper sind die Fixsterne, darunter unsere Sonne. Wenn ein Meteorit in die Erdatmosphäre eintritt und verglüht, wird er kurzzeitig zur Lichtquelle – wir sehen ihn als Sternschnuppe.

Unser Mond, ferne Monde und die Planeten sind beleuchtete Himmelskörper; sie reflektieren das Licht der Sonne.

3. Aufgabe 1:

Individuelle Antworten

4. Aufgabe 1:

Individuelle Antworten

Aufgabe 2:

B	R	G	D	S	**T**	E	R	N	R	L	S	S	U	S	S
K	O	W	D	Z	Z	L	L	I	G	P	K	T	D	**O**	R
T	**M**	O	N	D	N	M	X	U	G	L	E	**E**	F	N	O
E	M	H	R	X	J	**O**	Q	J	S	**A**	V	R	Y	N	C
M	G	L	O	C	G	N	I	U	M	N	P	N	B	E	H
Y	**S**	J	V	W	T	D	T	S	N	E	L	S	U	N	S
X	T	F	H	X	C	F	M	A	M	T	C	C	T	F	P
Y	E	O	N	G	X	I	A	T	K	C	I	H	V	I	T
D	R	Z	X	E	S	N	E	E	G	Z	B	N	W	**N**	L
O	N	A	V	S	W	S	L	L	Q	N	R	U	O	S	K
P	B	X	D	T	Z	T	J	L	S	K	R	P	S	T	O
C	I	Q	B	**I**	R	E	N	I	T	S	K	P	S	E	H
K	L	A	H	R	J	**R**	K	T	L	O	E	E	B	R	O
Q	D	V	Z	N	L	N	E	N	O	N	W	N	U	N	L
N	S	T	H	A	B	I	R	H	J	N	R	X	N	I	Q
L	U	D	T	J	A	S	Z	H	A	E	N	A	B	S	R

Lösungswort: ASTRONOMIE

Lernwerkstatt PLANETEN & STERNE
Vom Sonnensystem bis ins weite Universum – Bestell-Nr. 11 935

Lösungen

5. **Aufgabe 1-3**: Individuelle Aufzeichnungen und Auswertungen

Aufgabe 4: C

Aufgabe 5:

a) Ein Himmelsglobus ist die Darstellung des Sternhimmels auf einer scheinbaren Himmelskugel.
Beim Himmelsglobus ist der Himmel von außen auf der Kugel dargestellt. Der Betrachter muss sich in den Globus „hineinversetzen“, um den Himmel richtig zu sehen.

b) Die Drehung des Himmelsglobusses um seine Achse simuliert dabei die scheinbare Bewegung des Sternenhimmels, die infolge der Erdrotation beobachtet wird.

6. **Aufgabe 1**: Tagsüber können wir im Allgemeinen nur ein Gestirn beobachten – unsere **Sonne**. Natürlich sind der Mond und die anderen Sterne nicht verschwunden aber wir können sie nicht sehen, weil das **Licht** der Sonne den Taghimmel überflutet.
Den täglichen “Lauf“ der Sonne kennst du: Sie geht im **Osten** auf, steigt, bis sie mittags ihren höchsten Punkt am **Himmel** - den Zenit - erreicht hat, um dann wieder abzusteigen, und unter dem **Horizont** zu versinken. Das schwache Licht der Dämmerung weicht schließlich der **Nacht**, welche uns bei klarer **Sicht** den Sternenhimmel präsentiert. Es sind unzählig viele **Sonnen**, die allerdings so weit entfernt sind, das ihr Licht nur geschwächt von den Menschen beobachtet werden kann. Nun können wir die Sonne nicht mehr sehen aber bereits am nächsten **Tag** kündet die Morgendämmerung von ihrer neuen Runde.

Aufgabe 2:

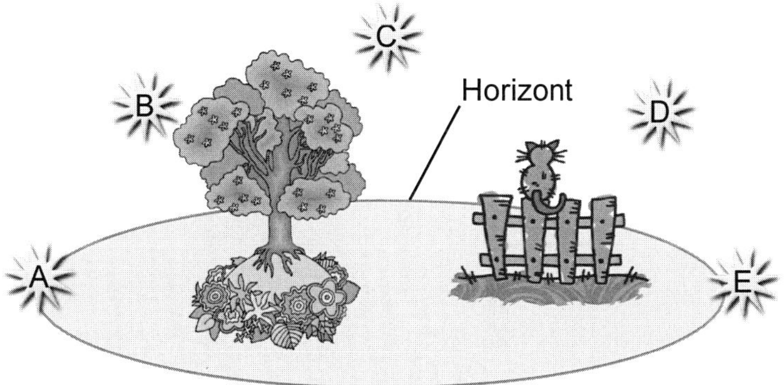

7. **Aufgabe 1**:

a) Auf dem Bild befindet sich die Erde im Mittelpunkt.

b) Sonne, Mond und Sterne kreisen auf dem Bild um die Erde.

c) individuelle Antwort; zum Beispiel: Ich habe beobachtet, dass sich Sonne, Mond und Sterne um die Erde drehen, so wie es auch auf dem Bild dargestellt ist.

Aufgabe 2:

B Es scheint nur so, als ob sich Menschen, Häuser und Bäume um dich drehen, denn sie bleiben in Ruhe.

D Die Kreisbewegung von Sonne und Sternen um die Erde ist nur scheinbar.

Aufgabe 3: Individuelle Antworten
Richtige Vermutung: Die Erde dreht sich unter den Sternen weg – ähnlich einem Karussell

Aufgabe 4: Individuelle Fortsetzung des Textes:
... „Jan schau doch mal zur anderen Seite aus dem Fester heraus zur Bahnhofshalle!“ Da sich die Bahnhofshalle nicht immer weiter von Anna und Jan entfernte, sah Jan nun ein, dass ihr Zug noch nicht losgefahren sein konnte. Der Zug auf dem Nachbargleis hatte sich aber in Bewegung gesetzt und Jan die scheinbare Bewegung des Zuges, in dem er saß, vorgetäuscht.

Aufgabe 5:

A In Regionen um den Äquator treten keine Jahreszeiten auf.

D Das Auftreten der Jahreszeiten ist nicht auf Sonnennähe und Sonnenferne der Erde zurückzuführen, sondern auf die Neigung der Erdachse.

Aufgabe 6:

a) Reihenfolge des Lückentextes: Drehbewegung, Erdachse, Nordpol, Südpol, Polarstern, Nordrichtung, Rotation, Revolution, Sonne.

b) individuelle Antworten

Lösungen

8. **Aufgabe 1**:

Objekte am nächtlichen Himmel	fest	bewegt
Mond		X
Jupiter, Mars, Venus		X
Sternschuppen (Meteoriten)		X
Sterne	X	
Kometen		X
Künstliche Satelliten		X

Aufgabe 2:

Die Planeten verändern im Laufe eines Jahres ihre Position relativ zu den Fixsternen. Noch einfacher ist es, wenn man abends zur gleichen Uhrzeit über Monate hinweg ihre Stellung in Bezug auf einen Baum, einen Kirchturm oder ein anderes hohes Gebäude markiert, um ihren Lauf zu verfolgen. Mars ändert dabei seine Position besonders rasch.

9. **Aufgabe 1**:

individuelle Antworten: zum Beispiel:

- Ohne Sonne wäre es dunkel und sehr kalt.
- Ohne Sonne würden keine Pflanzen und Bäume wachsen.
- Ohne Sonne gäbe es kein Leben auf der Erde.
- Ohne Sonne würden die Planeten ihre geregelte Bahn verlassen und durchs Weltall irren.

Aufgabe 2:

LÖSUNGSWORT:
ENERGIE

10. **Aufgabe 1**:

Mittlerer Abstand von der Sonne: etwa 150 Millionen Kilometer (150 000 000 km)
Umlaufdauer: 1 Jahr

Aufgabe 2:

1. M E R K U R — ist der Sonne am nächsten.
2. V E N U S
3. E R D E
4. M A R S
5. J U P I T E R
6. S A T U R N
7. U R A N U S
8. N E P T U N — ist der Sonne am fernsten.
9. (P L U T O) — Dieser Zwerg* gehört seit dem Jahr 2006 nicht mehr dazu.

Lernwerkstatt PLANETEN & STERNE
Vom Sonnensystem bis ins weite Universum – Bestell-Nr. 11 935

Lösungen

10. Aufgabe 3:

C	U	V	E	R	U	S	P	I	**N**	**E**	**P**	**T**	**U**	**N**	E	R	T	E	G
S	O	**J**	**U**	**P**	**I**	**T**	**E**	**R**	Ö	A	D	B	U	H	M	M	K	I	Q
S	U	Z	**R**	U	F	O	A	L	I	E	N	P	L	U	T	O	A	V	U
A	S	I	**A**	R											E	N	L	E	F
T	T	S	**N**	U											L	D	I	**N**	O
U	E	P	**U**	F											S	A	E	**U**	L
R	R	A	**S**	O											T	M	N	**S**	K
N	N	C	M	L											A	E	S	B	O
H	E	E	A	T											U	F	O	P	M
M	F	O	**M**	O											B	I	Y	W	E
O	K	L	**A**	R											A	X	E	Z	T
N	**M**	**E**	**R**	**K**	**U**	**R**	W	E	L	T	R	A	U	M	Y	E	R	D	E
D	U	B	**S**	A	G	P	L	T	N	E	T	O	I	T	E	N	M	O	N
S	O	N	N	E	X	E	U	F	O	M	E	T	E	O	R	I	T	E	N

Aufgabe 4: Lösungsvorschläge: Kometen, Meteoriden, Asteroiden, kosmischer Staub

Aufgabe 5: Individuelle Antworten

Inhaltlich:
Kometen sind nur selten von der Erde aus zu beobachten. Einige davon bewegen sich auf sehr langgestreckten Bögen um die Sonne. In großer Entfernung von der Sonne bestehen Kometen nur aus dem Kern, der im Wesentlichen aus zu Eis erstarrtem Wasser, Trockeneis (gefrorenes CO_2-Gas) mit Beimengungen aus meteoritenähnlichen kleinen Staub- und Mineralienteilchen besteht. Kometenkerne haben oft nur einen Durchmesser von mehreren Kilometern. Man bezeichnet Kometen deshalb auch als schmutzige Schneebälle. Wenn die Kometen in Sonnennähe geraten, wird das Eis gasförmig und es entwickeln sich die Koma – eine nebelige Hülle – und der auffällige Schweif, der eine Ausdehnung von mehreren Millionen Kilometern haben kann.

Aufgabe 6: Antwort: Sternschnuppen

Aufgabe 7:

a) Nikolaus Kopernikus war der erste Wissenschaftler, der die Sonne als Mittelpunkt unseres Sonnensystems bezeichnete.

Johannes Kepler erkannte, dass die Planetenbahnen nicht wirklich Kreise, sondern Ellipsen sind.

Isaak Newton fand das Gravitationsgesetz heraus.

b) 1543 und 1687.

c) Die Anziehungskraft und die Fliehkraft.

Lernwerkstatt PLANETEN & STERNE
Vom Sonnensystem bis ins weite Universum – Bestell-Nr. 11 935

Lösungen

11. **Aufgabe 1a**:

Planeten	Merkmale
Merkur	E sonnennächster Planet H kleinster Planet L dunkles Gestein mit Kratern
Venus	T drittkleinster Planet V in der Größe erdähnlich aber glühender Boden X Morgen – oder Abendstern
Erde	I fünftgrößter Planet N Atmosphäre O Voraussetzungen für Leben
Mars	Q zweitkleinster Planet S blutrote Farbe U rostiger Wüstenplanet
Jupiter	B in Babylonien wegen seines goldgelben Lichts als Königsstern benannt D größter Planet F Gasriese
Saturn	W zweitgrößter Planet G Ring K (oder P oder M) Gasplanet
Uranus	A drittgrößter Planet P (oder K oder M) Gasplanet R (oder C) Eisriese
Neptun	J sonnenfernster Planet M (oder K oder P) Gasplanet C (oder R) Eisriese

Aufgabe 1b: Die Planeten wurden in der Reihenfolge nach zunehmendem Abstand von der Sonne angegeben.

12. **Aufgabe 1**: Antwort: Acht Planeten zählt man heute zu unserem Sonnensystem.

Aufgabe 2: individuelle Lösung

Aufgabe 3: **B** Pluto zieht noch seine Bahn, wird aber wegen seiner geringen Masse nicht mehr als Planet anerkannt.

13. **Aufgabe 1**: **A** Bisher ist bekannt, dass außer unserem Mond mindestens noch weitere 172 Monde in unserem Sonnensystem existieren.

Aufgabe 2: So ist die Zuordnung richtig: ⟶

Text	1	2	3	4
Bild	B	D	A	C

14. **Aufgabe 1**: Das Erscheinen von Kometen zählt neben den Finsternissen zu den beeindruckendsten Ereignissen am **Himmel**. Schon in der Frühzeit erregten Kometen großes Interesse, weil sie plötzlich auftauchen und sich völlig anders als andere Himmelskörper verhalten. Seit dem Altertum bis zum Mittelalter wurden sie deshalb häufig als Schicksalsboten oder Zeichen der **Götter** angesehen. Vorwiegend befürchtete man **Kriege**, Naturkatastrophen, Hungersnöte oder den **Tod** von Herrschern, wenn sich ein Komet am Himmel zeigte. Auf Neujahrs- und Weihnachtskarten sind Kometen symbolisch als **Glücksbringer** dargestellt. Was hat es mit den Kometen nun wirklich auf sich? Ernüchternd betrachtet handelt es sich um Überreste der Entstehung des Sonnensystems und bestehen aus **Eis**, Staub und lockerem Gestein. Sie bildeten sich in den äußeren, kalten Bereichen des Sonnensystems. In Sonnennähe ist der meist nur wenige Kilometer große Kometenkern von einer nebeligen Hülle umgeben, die **Koma** genannt wird und eine Ausdehnung von 2 bis 3 Millionen km erreichen kann. **Kern** und Koma zusammen nennt man auch den **Kopf** des Kometen. Das auffälligste Kennzeichen der von der Erde aus sichtbaren Kometen ist jedoch der **Schweif**. Er bildet sich erst, wenn der Komet höchstens doppelt so weit von der **Sonne** entfernt ist, das heißt, dass er – in kosmischen Dimensionen betrachtet – der Sonne sehr nah ist. Bei großen und sonnennahen Kometen kann er eine Länge von mehreren 100 Millionen Kilometern erreichen. Da Kometenkerne Durchmesser bis zu 100 Kilometer haben, würde der **Zusammenstoß** eines Kometen mit der **Erde** zu einer weltweiten Katastrophe führen.

Lösungen

14. **Aufgabe 2**: (1) Schweif, (2) Koma, (3) Kern

Aufgabe 3: Dreikönigsstern, Weihnachtsstern, Stern der Weisen

15. **Aufgabe 1**: **C** Gravitationskraft

Aufgabe 2: An der vom Motor des Karussells in eine Drehbewegung versetzten Gondel wirken die Radialkraft $\vec{F}_1$ und die Fliehkraft (Zentrifugalkraft) $\vec{F}_2$.

An einem Planeten beim Umlauf um die Sonne wirken die Gravitationskraft $\vec{F}_1$ und die Fliehkraft (Zentrifugalkraft) $\vec{F}_2$.

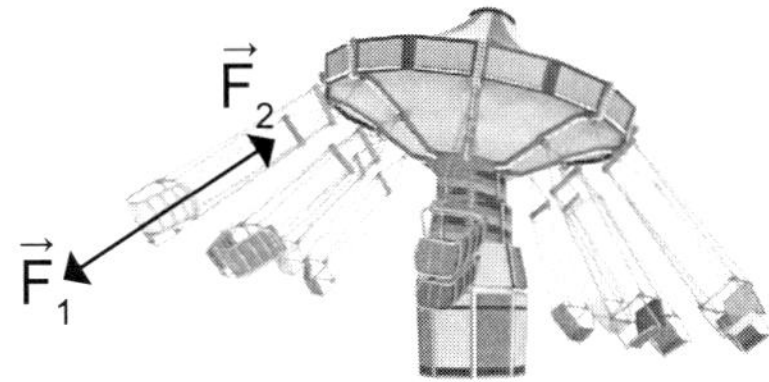

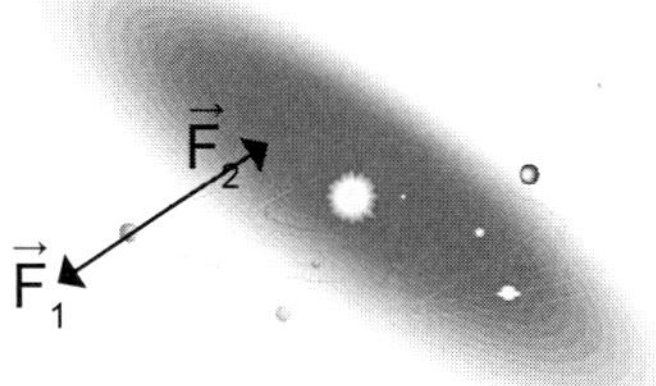

Aufgabe 3: Das Prinzip von Actio und Reactio, Wechselwirkungsprinzip besagt, dass bei der Wechselwirkung zwischen zwei Körpern jede Aktion (Kraft von Körper A auf B) gleichzeitig eine gleich große Reaktion (Gegenkraft von Körper B auf A) erzeugt, die auf den Verursacher der Aktion zurückwirkt.

Aufgabe 4:

A Die Gravitationskonstante γ nimmt an allen Orten des Weltalls den gleichen Wert an.

D Masse verursacht unabhängig von ihrer Größe stets Gravitation.

F Wenn sich der Abstand der Massenmittelpunkte zweier Massen verdoppelt, wird die Gravitationskraft nur noch ein Viertel so groß.

16. **Aufgabe 1**: individuelle Antworten

zum Beispiel:

- An den Mond, (J. W. Goethe)
- Das Lied vom Mond, (Fr. v. Fallersleben) (Wer hat die schönsten Schäfchen?)
- Guter Mond, du gehst so stille..., (Karl Enslin)
- La Le Lu, nur der Mann im Mond schaut zu, (traditionelles Schlaflied)
- Lied des Mondes, (Songtext von Peter Maffay)

Aufgabe 2:

a) Matthias Claudius umschreibt in der dritten Strophe das Phänomen der Mondphasen.

b) Wenn wir Menschen etwas nicht sehen, folgt daraus nicht, dass es in Wirklichkeit nicht existiert. Es existieren viele Dinge, welche wir Menschen bisher noch nicht erkannt haben.

17. **Aufgabe 1**:

KOHL VERLAG Lernwerkstatt PLANETEN & STERNE Vom Sonnensystem bis ins weite Universum – Bestell-Nr. 11 935

Lösungen

18. **Aufgabe 1**:

- Weder Götter noch MAGIE verdunkeln den Mond.
- Die Sicht zum Mond wird mitunter durch eine dicke WOLKENDECKE verhindert.
- Der Mond wendet der Erde bei NEUMOND seine unbeleuchtete Seite zu, woraus folgt, dass er nicht sichtbar ist. Dieses Ereignis wiederholt sich monatlich.
- Ein riesiges FLUGOBJEKT kann den Mond nur kurzzeitig und nicht vollständig verdunkeln.
- Bei einer MONDFINSTERNIS wird der Mond total oder teilweise durch den Schatten der Erde verdunkelt.

Aufgabe 2: individuelle Lösungen

19. **Aufgabe 1**: individuelle Zeichnungen, zum Beispiel:

 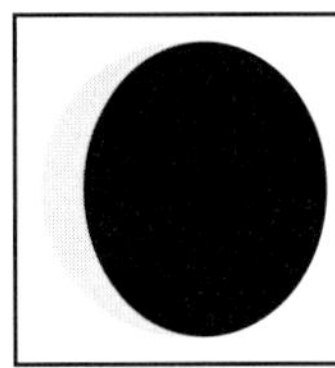 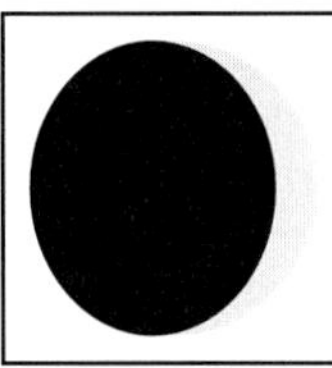 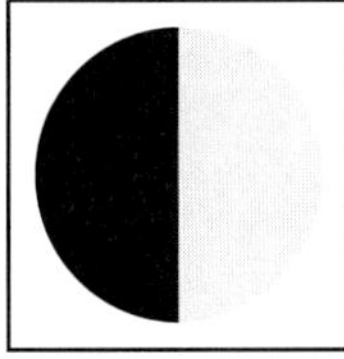

Aufgabe 2:

A Der Mond sendet selber kein Licht aus, sondern reflektiert das Licht der Sonne.
F Wir sehen den Mond bei „Neumond“ deshalb nicht, weil seine erdabgewandte Seite von der Sonne beleuchtet wird.
G Bei Vollmond wird die der Erde zugewandte Seite des Mondes von der Sonne angestrahlt.
I Wenn sich uns der Mond als Mondsichel zeigt, wird nur dieser Teil des Mondes von der Sonne angestrahlt.

Aufgabe 3: Sowohl Elise als auch Paul haben die Mondsichel richtig dargestellt. Elises Bild zeigt die Mondsichel bei abnehmendem Mond und Pauls Bild zeigt die Mondsichel bei zunehmendem Mond.

20. **Aufgabe 1**: individuelle Lösungen

21. **Aufgabe 1**: Am 29. oder am 30. Beobachtungstag zeigt der Mond die gleiche Lichtgestalt wie am ersten Beobachtungstag. So geht es mit den Wiederholungen weiter. Der Mond zeigt seine Lichtgestalten periodisch mit einer Periodendauer von knapp 30 Tagen. Daraus kann man folgern, dass die Umlaufzeit des Mondes um die Erde ebenfalls knapp 30 Tage beträgt.

Aufgabe 2: Lösung

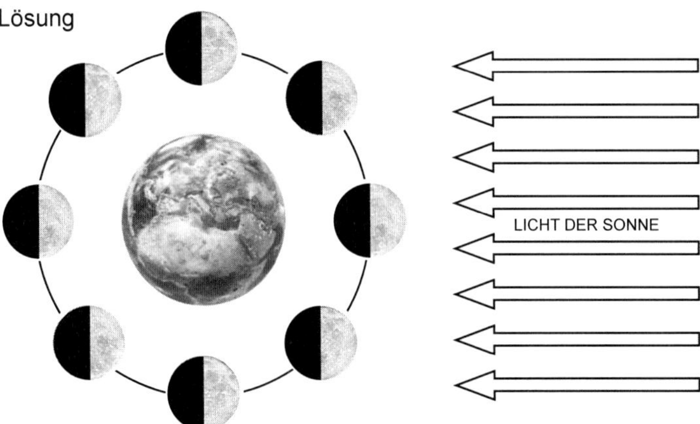

22. **Aufgabe 1**: individuelle Lösungen

Aufgabe 2:

- Erstmalig wurden die Mondkrater vermutlich im Jahre **1610** von **Galileo Galilei** entdeckt.
- Die Erfindung **des Fernrohres** war Voraussetzung für diese Entdeckung.
- Mondkrater sind durch **den Impakt von Meteoriten** entstanden.

Lernwerkstatt PLANETEN & STERNE Vom Sonnensystem bis ins weite Universum – Bestell-Nr. 11 935

Lösungen

22. Aufgabe 3:

	richtig	falsch
a) Nur die Erde hat einen natürlichen Satelliten – den Mond		✗
b) Die Schwerkraft auf dem Mond ist genauso groß wie auf der Erde.		✗
c) Der Mond wird oft durch Meteoriten beschossen. Das passiert, weil er keine Schutzatmosphäre hat.	✗	
d) Die Mondkrater sind durch die Einschläge von Meteoriten entstanden.	✗	
e) Die riesigen mit Magma gefüllten Tiefebenen heißen „Maria“.	✗	

a) Es haben auch andere Planeten einen natürlichen Satelliten; zum Beispiel hat der Mars zwei, der Pluto fünf Satelliten.

b) Die Schwerkraft auf dem Mond ist kleiner als auf der Erde.

23. Aufgabe 1: Nicholl, Barbicane und Michel Ardan.

Aufgabe 2: Sie wurden mit einer großen Kanone – der „Columbiade“ in einem Projectil ins All geschossen.

Aufgabe 3: Es ertönte ein fürchterlicher, unerhörter, donnerartiger Knall, ebenso ein Blitzen und Krachen. Eine himmelhohe Feuersäule schoss aus dem Boden, wie aus einem Krater empor. Die Erde erbebte.

Aufgabe 4: Die Wetterlage war schlecht. Wolken verdeckten die Sicht.

Aufgabe 5: Das Projectil ist nicht an seinen Zielpunkt gelangt, sondern neben vorbei, doch ziemlich nahe, sodass es von der Anziehungskraft des Mondes festgehalten wird.

Seine Bewegung in gerader Richtung hat sich in eine Kreisbewegung mit reißender Schnelligkeit verwandelt, und es ist in eine elliptische Bahn um den Mond herum fortgerissen worden, sodass es ein wirklicher Trabant desselben ist.

Aufgabe 6: Entweder die Anziehungskraft des Mondes wird überwiegen, und die Reisenden gelangen dann an ihr Ziel.

Oder unveränderlich festgehalten wird das Projectil bis zum Ende der Jahrhunderte um die Mondscheibe herum kreisen.

Aufgabe 7: individuelle Lösungen.

Lösungen

24. Aufgabe 1:

a) Welcher Autor beschrieb schon im 19 Jahrhundert eine Reise zum Mond?
A Jules Verne

b) Der Name des ersten Raumflugkörpers, der gezielt auf dem Mond aufschlug, war...
B Lunik 2

c) Bei welcher Mondgestalt ist eine gezielte Mondlandung sicher?
A Die Lichtgestalt des Mondes spielt für eine zielgerichtete Landung keine Rolle

d) Wie hieß das erste ferngesteuerte russische Mondfahrzeug?
B Lunachod

e) Welche Mission brachte erstmalig Menschen zum Mond?
B Apollo 11

f) Wer betrat als erster Mensch den Mond ?
A Neil Armstrong

g) Die erste bemannte Mondfähre hatte den Namen „Eagle“. Was bedeutet dieses Wort auf deutsch?
C Adler

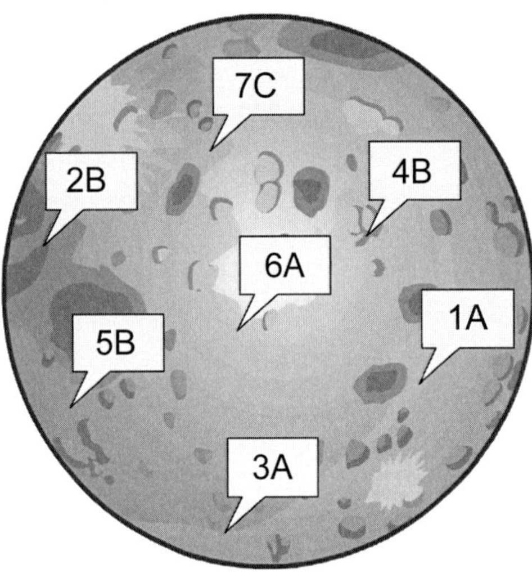

25. So ist die Zuordnung sinnvoll:

Am 16. Juli 1969 startete im Rahmen der Raumfahrtmission Apollo 11 der US-amerikanischen Raumfahrtbehörde eine Saturn-Trägerrakete vom Kennedy Space Center in Florida, um das bemannte Raumschiff Columbia zunächst auf die Umlaufbahn um den Mond zu bringen.

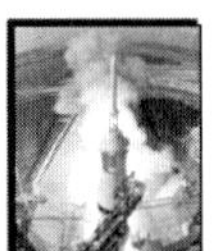

An Bord der Columbia fieberten die drei Astronauten Neil Armstrong, Michael Collins und Buzz Aldrin der bevorstehenden Mondlandung und der Begegnung mit dem unbekanntem Neuland auf unserem kosmischen Nachbarn entgegen.

Während Collins im Kommandomodul des Raumschiffs Columbia zurückblieb, setzten Armstrong und Aldrin am 20. Juli mit der Mondlandefähre Eagle auf dem Erdtrabanten auf und sendeten das Rufzeichen: “*Houston, Tranquility Base here. The Eagle has landed!*”

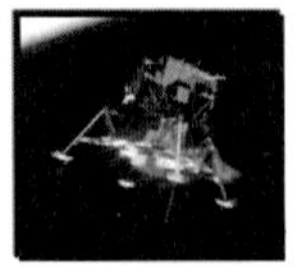

Am 21. Juli 1969 um 02:56:20 betrat Neil Armstrong als erster Mensch den Mond und sprach die berühmten Worte:
„*Das ist ein kleiner Schritt für einen Menschen, ein riesiger Sprung für die Menschheit.*“ 20 Minuten später verließ auch Buzz Aldrin die Mondfähre und hisste unter anderem die US-Flagge.

Nachdem die Astronauten während ihres 22-stündigen Aufenthaltes wissenschaftliche Experimente durchgeführt hatten, startete die Landefähre wieder von der Mondoberfläche und kehrte zum Mutterschiff zurück.
Die Columbia wasserte am 24. Juli im Pazifik – die Mission war erfolgreich beendet.

Lösungen

26. **Aufgabe 1**: **individuelle Texte**

Aufgabe 2:

	Mondfinsternis	**Sonnenfinsternis**
Bei welcher Mondphase tritt das Ereignis ein?	Vollmond	Neumond
Welcher Himmelskörper wirft bei dieser Finsternis den Schatten?	Erde	Mond

Aufgabe 3: Die letzte totale Sonnenfinsternis war in Süddeutschland im August 1999 zu beobachten.

Die nächste in Deutschland sichtbare totale Sonnenfinsternis wird erst im Jahr 2081 zu sehen sein.

Aufgabe 4: Es handelt sich um eine Mondfinsternis.

A Sonne
B Erde
C Mond
D Halbschatten
E Kernschatten

Aufgabe 5: Inhaltlich sollten folgende Erkenntnis herausgearbeitet werden:

1. Das Schattenbild ist eine scharf umrissene dunkle Fläche auf dem Bildschirm.
2. Wenn man einen lichtundurchlässigen Gegenstand mit zwei Lichtquellen (L_1 und L_2) bestrahlt, entstehen der absolut dunkle Kernschatten (A) und der weniger dunkle Halbschatten (B).
3. Das Schattenbild bei einer Mondfinsternis entspricht dem Schattenbild bei Verwendung von zwei Lichtquellen.
4. Die Sonne ist eine ausgedehnte Lichtquelle (unzählig viele punktförmige Lichtquellen). Für die Schattenbildung interessieren die beiden äußeren punktförmigen Lichtquellen L_1 und L_2.

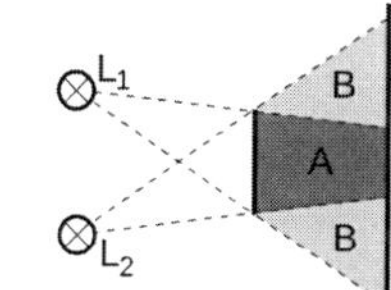

27. **Aufgabe 1**: Ä = AE

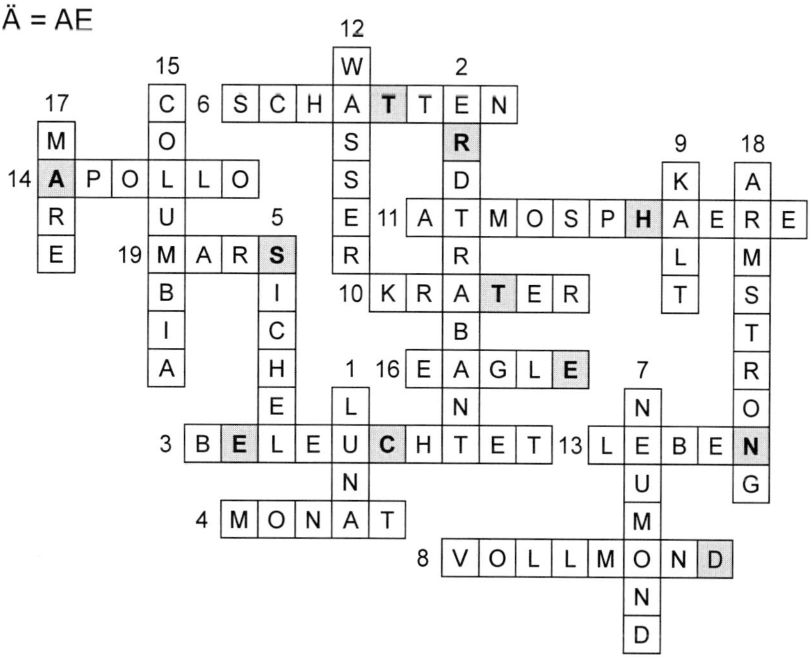

Lösungswort: **E R D S C H A T T E N**

Lösungen

28. **Aufgabe 1**: Individuelle Fragen, beispielsweise:

- Wie viele Sterne gibt es?
- Wie weit sind die Sterne von der Erde entfernt?
- Warum leuchten die Sterne?
- Wodurch unterscheidet sich die Sonne von den Sternen?
- Sind Planeten auch Sterne?
- Was ist eine Galaxis?
- ...

Aufgabe 2:

A Die riesige Anzahl von Sternen (Milliarden vielfach überschreitend) kann von Astronomen nur geschätzt werden.

C Es gibt sehr viele Sterne, die allerdings nicht exakt zählbar sind, weil Sterne erlöschen und immer wieder neue Sterne „geboren“ werden – eine unendliche kosmische Geschichte.

29.

Aufgabe 1: riesengroß, kugelförmig, gasförmig, heiß, hell

Aufgabe 2: Wegen ihrer sehr großen Entfernung von der Erde sind die Sterne von der Erde aus nur als Lichtpunkte zu sehen.

Aufgabe 3: **B** Eine große Längeneinheit zur Angabe kosmischer Entfernungen. Ein Lichtjahr gibt an, welchen Weg das Licht in einem Jahr zurücklegt.

30. **Aufgabe 1**: Lösungsvorschlag: Sirius, Arktur, Wega, Rigel (auch Alpha Centauri oder Rigil Kentaurus genannt) Aldebaran, Antares, Pollux, Polaris

Aufgabe 2: Sirius im Sternbild Großer Hund

Aufgabe 3: Der Polarstern – auch Polaris genannt – befindet sich nur in sehr geringer Entfernung vom nördlichen Himmelspol (senkrecht über dem Nordpol der Erde an der Himmelskugel). Aufgrund seiner Polnähe wird er seit langem als Orientierungs- und Navigationshilfe verwendet. Im Altertum war der Polarstern für die Seefahrer die einzige Möglichkeit, um die Nordrichtung zu finden. Der Polarstern scheint für Beobachter ohne Fernrohr das ganze Jahr über immer am gleichen Ort zu stehen; deshalb ist er besonders gut auffindbar.

Aufgabe 4: Lösungsvorschlag:

a) Ich kenne folgende Sternbilder: Großer Wagen *, Großer Bär, Kleiner Wagen *, Kleiner Bär, Orion, Großer Hund, Kleiner Hund, Andromeda, Krebs, Fische, Zwillinge, Löwe, Waage, Stier, Steinbock, Schütze,...

* Hier handelt sich nicht um ein Sternbild im eigentlichen Sinne, sondern um einen Asterismus.

b-d) individuelle Antworten

Aufgabe 5: **B** Beteigeuze, **D** Rigel **E** Bellatrix

Aufgabe 6: individuelle Lösungen

31. **Aufgabe 1**: individuelle Bilder

Aufgabe 2:

- Die sieben Sterne, welche den Großen Wagen beschreiben, sind am hellsten.
- individuelle Bearbeitung des eigenen Bildes

Aufgabe 3: individuelle Darstellung

Lösungen

31. Aufgabe 4:

a) individuelle Darstellung des Beobachtungsergebnisses

b) Antworten:

- Die beobachtete Lage des kleinen Wagens kann von seiner Lage auf der Abbildung abweichen.
- <u>Ursache</u>: Die Lage des kleinen Wagens – mit Ausnahme des Polarsternes – verändert sich mit der Uhrzeit und verändert sich auch im Laufe eines Jahres

c) Antwort: Er begrenzt als hellster Stern des kleinen Wagens die Deichsel am oberen Ende.

Aufgabe 5: individuelle Zeichnungen

32. Aufgabe 1: individuelle Antworten

zum Beispiel:

Orion, Hase, Großer Hund, Wasserschlange, Cassiopeia, Kleiner Wagen oder andere. Davon sind die Sternbilder Orion, Hase und Großer Hund am Sommerhimmel nicht zu sehen.

Aufgabe 2: Antwort:

Großer und kleiner Wagen haben sich in westliche Richtung gedreht. Der Polarstern als äußerer Stern der Deichsel hat seine Position nicht verändert. Der kleine Wagen hat sich dabei um den Polarstern gedreht.

33. Aufgabe 1: individuelle Antworten

Aufgabe 2:

Widder	♈		scheinbarer Sonnendurchgang 21.März - 20.Apri	**Waage**	♎		scheinbarer Sonnendurchgang 23. September - 22. Oktober
Stier	♉		scheinbarer Sonnendurchgang 21.April - 21.Mai	**Skorpion**	♏		scheinbarer Sonnendurchgang 23. Oktober - 22. November
Zwillinge	♊		scheinbarer Sonnendurchgang 22. Mai - 21. Juni	**Schütze**	♐		scheinbarer Sonnendurchgang 23. November - 20. Dezember
Krebs	♋		scheinbarer Sonnendurchgang 22. Juni - 22. Juli	**Steinbock**	♑		scheinbarer Sonnendurchgang 21. Dezember - 19. Januar
Löwe	♌		scheinbarer Sonnendurchgang 23. Juli - 22. August	**Wassermann**	♒		scheinbarer Sonnendurchgang 20. Januar - 18. Februar
Jungfrau	♍		scheinbarer Sonnendurchgang 23. August - 22. September	**Fische**	♓		scheinbarer Sonnendurchgang 19. Februar - 20. März

Lösungen

34. **Aufgabe 1**: **Die Reihenfolge spielt dabei keine Rolle.**

Kalenderrechnung und Uhrzeit	Kompass und Orientierung auf See	Sterndeutung und Horoskope	Erforschung des Weltraums
K, C, D	A, F, H	E, L, G	B, I, J

Aufgabe 2: vollständige Wörter:

STERNDEUTUNG UND HOROSKOPE
KALENDERRECHNUNG UND UHRZEIT
KOMPASS UND ORIENTIERUNG AUF SEE
ERFORSCHUNG DES WELTRAUMS

36.

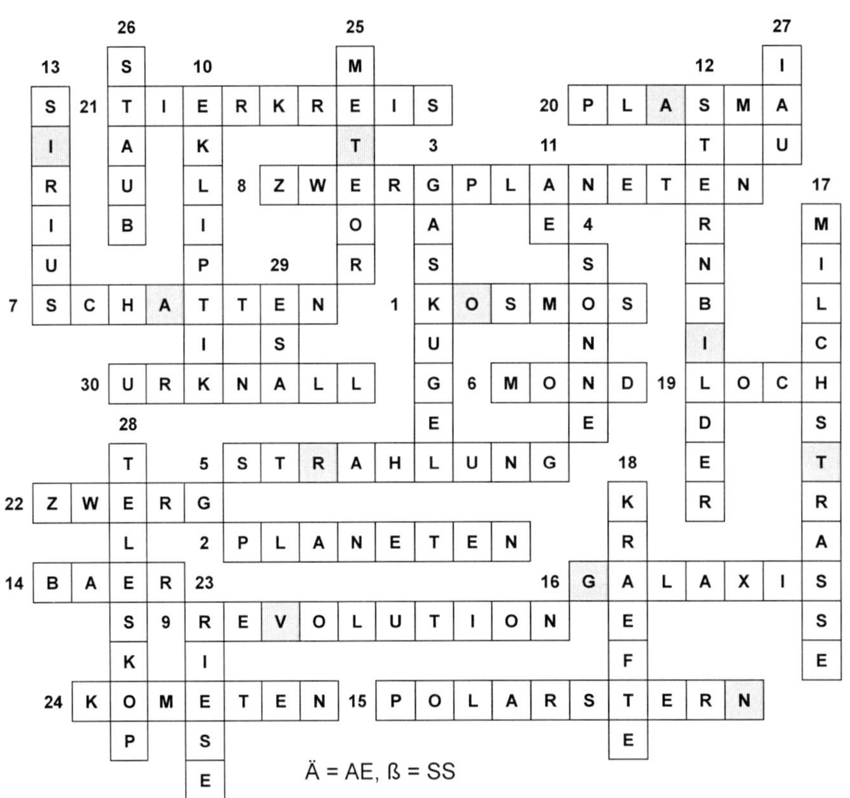

Lösungswort: **GRAVITATION**

Lernwerkstatt PLANETEN & STERNE
Vom Sonnensystem bis ins weite Universum – Bestell-Nr. 11 935